La création d'une paroisse de campagne

Une histoire

Harlow S. Mills

Writat

Cette édition parue en 2023

ISBN : 9789359257785

Publié par
Writat
email : info@writat.com

Contenu

AVANT-PROPOS

DEPUIS de nombreuses années, les amoureux de la république mettent en garde notre peuple contre les périls de la vie citadine moderne. En 1800, une personne sur treize habitait la ville ; aujourd'hui, presque un citoyen sur deux vit dans une grande ville, ou dans une grande ville. La ville est le foyer de la richesse, du commerce et de la finance ; la maison de la musique, de l'art et de l'éloquence. Une fois par an, tous les grands dirigeants viennent faire un séjour, long ou court, dans la métropole. Les oiseaux quittent le désert pour chercher l'oasis, avec ses palmiers et ses sources d'eau. Les jeunes hommes, depuis deux générations, désertent la ferme et le village pour s'installer dans la grande ville. De nombreux périls inattendus ont surgi de cet amas de population. Parmi ces dangers figurent les immeubles, les saloons, les maisons de jeu, les repaires du vice, la tendance à l'anarchie, due au contraste entre les palais des avenues et les colonies du Bowery. Les fous, les enfants déficients, les hommes et les femmes détruits par l'alcool et la drogue, sont quelques-uns des résultats fortuits des populations encombrées. D'innombrables discours ont été prononcés sur les périls de la vie citadine, et d'innombrables brochures et livres ont été publiés, remplis d'avertissements et noirs d'alarme. Le résultat inévitable est que l'attention du peuple s'est concentrée sur les villes manufacturières et les grandes villes.

Vient maintenant le révérend Harlow S. Mills, avec son étude de la population rurale. Avec la sagesse rendue possible par vingt années de connaissances de première main, il expose l'influence du pays sur la grande ville. Il nous dit que le pays a fourni les dirigeants du peuple. C'est à la campagne que le garçon a l'occasion de ruminer, de lire et de réfléchir, tandis que dans la solitude, il développe son propre don et grandit. L'Église a appris à dépendre du pays pour ses étudiants en théologie, ainsi que pour ses meilleurs étudiants en droit et en médecine. Mais ces derniers temps, l'Église de campagne a gravement souffert de l'influence de la ville sur ses meilleurs jeunes hommes et femmes. Le résultat inévitable a été qu'à mesure que l'église de ville s'est développée, l'église de campagne a diminué en richesse, en nombre et en influence. Beaucoup de choses se sont produites au cours des vingt dernières années qui sont de nature à susciter la peur, à l'idée que la vie et les institutions de la république, enracinées dans le pays, ne meurent lentement de faim. L'un des problèmes de l'heure a été le rajeunissement de l'école du dimanche et de l'église de campagne.

Les dirigeants de la génération passée ont souvent lutté en vain contre ce problème. Il y a vingt ans, le révérend Harlow S. Mills, un ami de mon enfance, a pris une église de campagne dans le nord-ouest du Michigan et a commencé à développer le même esprit communautaire parmi les gens qui vivaient dans des districts scolaires largement séparés que l'étudiant trouve développé. dans les quartiers d'une grande ville. Le récit de ces vingt années fascine tous les amoureux du prochain et de l'Église chrétienne. M. Mills a fait des découvertes importantes et établi certains principes maternels qui devraient être d'un service inestimable à la moitié de notre population vivant dans les petites villes et les districts ruraux. Je crois que cet auteur et amoureux de ses semblables a fait pousser la bonne graine qui, en fin de compte, sèmera du pain pour le continent.

NEWELL DWIGHT HILLIS.

INTRODUCTION

LA croissance rapide de nos villes et villages au cours du dernier quart de siècle nous a mis face à un problème grave. Les conditions religieuses et sociales qui ont surgi donnent lieu à de graves appréhensions et ont fait l'objet d'une réflexion approfondie. Le problème de la ville a été largement débattu. Beaucoup de réflexion et d'efforts ont été déployés pour trouver une solution et, même si des progrès ont été réalisés et que les perspectives sont encourageantes, la fin n'est pas encore terminée. Ces dernières années, un autre problème s'est posé, à peine moins grave que celui que présente la ville, c'est le problème de la campagne. Il y a deux raisons pour lesquelles cette question n'a pas retenu l'attention jusqu'à une date récente. Premièrement, le problème de la ville a été si grave et si aigu qu'il a occupé l'esprit du public au détriment de la situation à la campagne. Et, en deuxième lieu, ces conditions se sont aggravées si rapidement ces dernières années et leur demande d'attention et d'examen attentif est devenue si insistante et impérieuse qu'on ne peut plus les ignorer. Aucune personne réfléchie ne peut aujourd'hui ignorer le fait qu'il existe un problème national, qu'il est aussi grave en termes de gravité que le problème de la ville et que les deux sont si intimement liés qu'aucun d'eux ne peut être résolu par lui-même. Ils tiennent debout ou tombent ensemble.

Je n'ai aucune théorie à présenter, ni aucune philosophie à exploiter. Je n'ai aucun moyen breveté de résoudre le problème de la ville ou de la campagne. Je n'ai qu'une histoire à raconter sur certaines choses qui ont été faites et qui pourraient ouvrir la voie à une solution du problème du pays. C'est le simple récit d'une expérience d'œuvre de protection religieuse et sociale qui promet d'être couronnée de succès. La paroisse dont il est question peut être considérée comme une station expérimentale, et cette histoire n'est que le récit de l'élaboration de certaines méthodes. Il suffira que cette histoire se révèle être une petite contribution à la solution du problème important et difficile du pays.

L'une des plus grandes difficultés que j'ai rencontrées en écrivant cette histoire était avec moi-même. Certaines expériences étaient si purement personnelles que j'hésitais à en parler et que j'hésitais à utiliser si fréquemment les pronoms personnels. Dans la première version de l' histoire , j'ai eu recours à toutes sortes de circonlocutions pour éviter leur utilisation, mais j'ai eu du mal à adopter une forme cohérente et le résultat a été d'affaiblir l'impression. Ainsi, agissant sur les conseils de critiques compétents et judicieux, j'ai décidé de raconter l'histoire de la manière la plus simple et la plus directe.

MOULINS HS.

CLÉ DE LA CARTE

1. Village de Benzonia , canton de Benzonia . Organisation d'église, construction d'église. Service du matin tous les dimanches. École du dimanche, Christian Endeavour Society, Woman's Missionary Society, réunion de prière hebdomadaire, Ladies' Aid Society.

2. Village de Beulah, canton de Benzonia . Chapelle. Service du soir tous les dimanches, école du dimanche, Ladies' Aid Society.

3. Eden, canton de Benzonia . Organisation religieuse, école (chapelle, 1914). Service du soir tous les dimanches, école du dimanche, Christian Endeavour Society, réunion de prière hebdomadaire, club de quartier, cercle social des dames.

4. Champion Hill, canton de Homestead. Organisation de l'église, chapelle. Service du matin tous les dimanches, Christian Endeavour Society.

5. Lac Platt, canton de Benzonia . Chapelle. Service de l'après-midi un dimanche sur deux. Société d'aide aux dames.

6. North Crystal, canton de Benzonia . Maison privée (chapelle, 1914). Service de l'après-midi un dimanche sur deux, école du dimanche, Ladies' Aid Society.

7. Grace, canton de Gilmore. Organisation de l'église, chapelle. Service du matin tous les dimanches, école du dimanche, club de quartier, Ladies 'Aid Society.

8. Demerley , canton de Joyfield . École. Service de l'après-midi un dimanche sur deux, école du dimanche.

9. Chapelle Sud, canton de Benzonia . Chapelle. Service du soir un dimanche sur deux, école du dimanche.

10. East Joyfield , canton de Joyfield . Chapelle. Service du soir un dimanche sur deux, école du dimanche.

11. Liberty Union, canton de Benzonia . École. Service de l'après-midi un dimanche sur deux, club de quartier.

Elberta Sud , canton de Gilmore. École. L'école du dimanche.

DESCRIPTION DE LA CARTE

Pour que le terme « la plus grande paroisse », le nom sous lequel l'œuvre de cette histoire est devenue familière, puisse être compris, une description de sa géographie et de sa topographie telles que représentées sur la carte ci-jointe, peut être nécessaire.

La plus grande paroisse de Benzonia est située dans le comté de Benzie, dans le Michigan, à huit miles du lac Michigan et à l'extrémité est de Crystal Lake, l'un des plus beaux petits lacs de l'État. Benzonia -Beulah, les villages jumeaux qui sont au centre de la plus grande paroisse, se trouvent sur le chemin de fer d'Ann Arbor, qui s'étend en diagonale à travers l'État de Toledo, Ohio, à Francfort sur le lac Michigan. La plus grande paroisse comprend le canton de Benzonia et des parties des cantons de Lake, Homestead, Joyfield , Gilmore et Crystal Lake. Elle se divise en trois sous-paroisses : la paroisse Nord, avec deux églises, Champion Hill et Eden, et deux stations éloignées, North Crystal et Platt Lake ; la paroisse sud, avec une église, Grace, et cinq stations extérieures, South Chapel, Demerley , East Joyfield , Liberty Union et South Elberta ; tandis qu'entre celles-ci se trouve la paroisse centrale, avec Benzonia au sommet de la colline et Beulah dans la vallée, à un demi-mile de distance.

La carte représente la moitié ouest du comté de Benzie et les différentes églises, chapelles et autres stations éloignées sont désignées.

I
LE CADRE HISTORIQUE DE L'HISTOIRE

L' histoire de la Nouvelle-Angleterre, sans les pèlerins, ne pouvait être ni comprise ni appréciée. Nous devons savoir quelque chose sur ces hommes et ces femmes robustes et consciencieux qui se sont exilés et ont traversé l'Atlantique tumultueux pour avoir « la liberté d'adorer Dieu ». Nous devons comprendre quelque chose de la côte aride et hivernale qui les a accueillis, quelque chose de leurs luttes et souffrances, de leurs buts et aspirations, si nous voulons connaître l'histoire de cette civilisation qu'ils ont fondée, ou avoir une véritable conception de l'expérience de démocratie. qu'ils ont réussi avec tant de succès.

L'histoire qui va être racontée a eu ses pèlerins. Les laisser de côté serait gâcher l'histoire. On ne peut le comprendre sans connaître un peu leur esprit héroïque, leur dévouement sincère et la manière dont ils ont imprimé en permanence leurs idées et leur personnalité dans la communauté qu'ils ont fondée et dans les institutions qu'ils ont implantées. Un compte rendu de son contexte historique sera nécessaire pour que cette histoire d'évangélisation du pays soit complète.

Le demi-siècle entre 1825 et 1875 a été témoin du mouvement éducatif le plus remarquable que notre pays ait jamais connu. C'était l'époque des plantations universitaires. Au cours de cette période, une ligne de collèges chrétiens fut projetée de New York à la Californie, dont beaucoup ont été développés et constituent aujourd'hui des monuments du zèle et de la clairvoyance de cette remarquable génération de bâtisseurs de nations. La valeur de leur travail et son influence bénéfique sur le peuple et les institutions des sections les plus peuplées, les plus riches et les plus influentes de notre pays ne peuvent être estimées.

En 1858, un groupe de personnes du nord de l'Ohio, qui avaient allumé leur flambeau d'enthousiasme religieux et éducatif à la flamme d'Oberlin, se rendit dans les vastes étendues sauvages du nord du Michigan dans le but d'y implanter des institutions chrétiennes . C'étaient des gens nobles, robustes, dotés de fortes convictions religieuses. Les pèlerins n'ont pas apporté sur la côte de la Nouvelle-Angleterre un motif plus vrai ni un objectif plus pur. Ils étaient prêts à investir leur vie et leur fortune dans l'entreprise. Ils ont marqué la nouvelle communauté qu'ils ont fondée de l'empreinte de leurs idéaux, et cette marque a persisté.

Ces pèlerins modernes ont répété avec quelques modifications les expériences de leurs prototypes de la Nouvelle-Angleterre. Après un long et orageux voyage sur les Grands Lacs, ils débarquèrent à la fin de l'automne sur une côte inhospitalière, leur construisirent de rudes cabanes que leurs descendants ne jugeraient pas dignes d'abriter leur bétail, et y passèrent un hiver rigoureux. Ils explorèrent les bois du nord-ouest du Michigan et, finalement, avec une étrange indifférence à l'égard de l'importance d'un chemin de fer pour le développement d'une ville, ils arrivèrent sur un plateau plat au sommet d'une haute colline, à deux cents pieds au-dessus des eaux calmes de la belle région. Lake Crystal et à huit milles du lac Michigan, et c'est là qu'ils plantèrent leurs tentes. Comme Abraham, leur première tâche après être entrés en Terre promise fut de construire un autel à Jéhovah, et comme lui et leurs ancêtres de la Nouvelle-Angleterre, ils le bâtirent sur la plus haute altitude possible. L'une des premières choses qu'ils firent fut de choisir un emplacement pour une église et une école et, debout sous les grands érables et les hêtres, avec des hymnes et des prières, de consacrer ce haut sommet à la cause de l'éducation chrétienne.

L'église qu'ils implantèrent, la première de toute la région du Grand Traverse, célébra le cinquantième anniversaire de son organisation en 1910. Elle compte aujourd'hui environ trois cents membres et est le centre de la vie religieuse et sociale, non seulement de la communauté immédiate mais aussi du territoire connu sous le nom de « La Plus Grande Paroisse », douze milles de long et dix milles de large. Elle a été la mère des églises et est désormais encerclée par un certain nombre d'organisations plus jeunes qui deviennent fortes et robustes sous son influence bienveillante.

Benzonia , le village qu'ils ont fondé, n'est jamais devenu le centre peuplé qu'ils espéraient. Il n'y a plus maintenant qu'environ quatre cents personnes vivant au sommet de la colline, et presque autant d'autres dans le village de Beulah, qui, au pied de la colline, est niché autour de la tête du lac, à 800 mètres de là. Les deux villages de Benzonia et de Beulah forment une seule corporation et contiennent ensemble environ sept cents habitants. L'école qu'ils ont créée fonctionne toujours, mais pas exactement de la manière qu'ils avaient imaginée. Ils pensèrent répéter l'histoire d'Oberlin en implantant dans les bois du nord du Michigan une institution d'apprentissage telle que les pères en avaient implanté dans le nord de l'Ohio. Mais les conditions étaient très différentes. Oberlin se trouvait dans la zone de colonisation rapide. Des villes et des villages surgirent bientôt tout autour, et elle devint en quelques années le centre d'une importante population. Mais la région du nord du Michigan s'est développée très lentement et il a fallu longtemps avant qu'il y ait suffisamment de monde pour entretenir un collège ou justifier sa présence. Mais dès le début, une école de haut niveau fonctionna et elle rendit un service splendide dans ces premières années, effectuant le travail éducatif pour toute cette région et fournissant des enseignants aux écoles publiques sur un vaste territoire. Elle est maintenant dirigée comme une Académie et accomplit un excellent travail, envoyant chaque année de grandes classes de jeunes bien préparés à entrer dans n'importe quel collège ou université du pays. L'Académie a été maintenue en grande partie grâce aux dons et aux sacrifices des gens de la communauté et constitue un facteur important du travail en cours dans « la plus grande paroisse ».

Les membres de cette communauté sont exceptionnellement homogènes. Il n'y a pas de catholiques romains, peu d'étrangers et pas de personnes de couleur. Ils sont travailleurs et industrieux, aucun d'entre eux ne possède de grandes richesses et aucun d'entre eux n'est très pauvre. Tous sont obligés de travailler dur pour gagner leur pain quotidien. Là, comme ailleurs, il est possible de vivre « la vie simple », et dans des conditions si saines, la vie communautaire s'est développée. Bien que la présence de l'Académie ait été un moyen de culture et le centre et l'inspiration de la vie littéraire, il n'est en aucun cas vrai que tous les habitants de la grande paroisse soient bien instruits. A quelques kilomètres du village se trouvent des conditions primitives et pionnières, et les véritables terrains missionnaires ne manquent pas.

La vie sociale de cette communauté est très satisfaisante. Il n'y a pas de classes ni de cliques. Les gens se mélangent librement sur une base commune et illustrent à un degré inhabituel le principe de fraternité. Il n'y a jamais eu de saloon dans la communauté et les gens sont pour la plupart stables et respectueux des lois. Ils sont fidèles à leurs institutions d'origine, se pressent à l'église le dimanche et s'intéressent vivement à tout ce qui concerne le bien-être du village et de la campagne environnante. Ils dépendent d'eux-mêmes pour leurs divertissements littéraires et musicaux – aucun spectacle ou combinaison de films n'arrive jamais de cette façon. Mais un bon cours magistral est maintenu, et il y a de fréquentes animations musicales et littéraires organisées par l'Académie, le lycée et par les habitants de la ville ; les moyens de récréation ne manquent donc pas, ni ceux d'un ordre élevé et d'un caractère utile.

À l'extrémité ouest de Crystal Lake, à huit milles de distance, sur une belle étendue de terrain donnant sur le lac Michigan, ainsi que sur Crystal Lake, se trouve le terrain de l'Assemblée d'été de la congrégation de Francfort. L'emplacement est superbe et devient rapidement une station balnéaire prisée, attirant même des gens de la Nouvelle-Angleterre et de la côte Pacifique. La relation entre Benzonia et l'assemblée d'été est très étroite. Il est facilement accessible par bateaux fréquents. Chaque année, ils célèbrent la « Journée de la Benzonia », lorsque l'Assemblée s'ajourne sur le magnifique campus au sommet de la colline, profitant d'un dîner ensemble sous les arbres et d'un programme bien organisé de discours et de musique. Les habitants des environs viennent en masse à ces fêtes en plein air et elles sont très attendues de tous. Ils offrent aux habitants du voisinage une belle occasion de rencontrer dans des relations amicales ceux qui viennent de régions éloignées du pays pour profiter des brises fraîches et des bois et des lacs des régions du nord du Michigan, et ils sont appréciés de tous. Parfois, l'Assemblée est l'hôte et les habitants de Benzonia sont les invités. Pendant l'été, les principaux ministres du pays sont fréquemment à la chaire de Benzonia , et ainsi les gens, bien qu'ils vivent assez loin des grands centres et ne sont pas portés à beaucoup de voyages, ont le privilège d'entendre les orateurs les plus célèbres et viennent ainsi en contact avec les bonnes choses qui sont dites et faites dans le monde entier.

L'Académie et l'Assemblée d'été sont étroitement liées au travail de la Grande Paroisse de Benzonia . Même si ce travail ne dépend pas d'eux, leur présence et leur influence ont été un grand stimulant et un grand encouragement, et ils ont ajouté force et stabilité au mouvement.

Ainsi est brièvement esquissé le cadre de l'histoire qui sera racontée dans les chapitres suivants.

CRYSTAL LAKE ET BEULAH DE BENZONIE

II

QUELQUES CONVICTIONS DONT EST NÉE LA VISION

UNE CONVICTION est une bonne chose. C'est l'œuf à partir duquel naissent toutes les grandes entreprises. Presque tout ce qui valait la peine était autrefois enveloppé dans une conviction. Abraham avait la conviction qu'il devait obéir à la direction de Dieu. Il entreprit son voyage vers le « pays qu'il ne connaissait pas », et nous avons pour résultat la race hébraïque et tout ce qui en est sorti pour le monde.

La vision dont je raconte n'était d'abord qu'une conviction. Il y avait certaines choses dont j'étais devenu certain. Je ne sais pas exactement comment cette conviction m'a saisi, mais j'aime penser qu'elle vient de la même source que celle d'Abraham, et cette pensée m'a donné confiance dans le fait de suivre cette lueur directrice.

1. Je suis devenu convaincu que le véritable objectif de l'Église est de *servir* le peuple et que sa demande de soutien doit reposer sur le même fondement sur lequel toute autre institution fonde sa demande de soutien : qu'elle donne la valeur reçue. Cela n'a pas toujours été l'idée des gens d'Église. Ils ont considéré l'Église comme une institution divine et qu'en raison de son origine divine et de son caractère sacré, elle peut à juste titre exiger respect et soutien. Il fut un temps, dans un passé pas très lointain, où les ministres de l'Église, en tant que représentants de celle-ci, pouvaient exiger révérence et respect en raison de la position qu'ils occupaient. Il y avait beaucoup de respect et de respect pour « le tissu ». Mais ces jours sont révolus. Aujourd'hui, l'Église n'est valorisée que pour ce qu'elle fait. S'il ne fait rien, il n'a plus besoin de rechercher une reconnaissance respectueuse. S'il n'apporte aucune contribution à la communauté dont la valeur puisse être vue et appréciée, il ne peut espérer aucun soutien ou considération favorable. De nos jours, les gens ne se soucient pas beaucoup de la dignité cléricale. Ils ne se demandent pas quelle place un homme occupe, ni quel genre de vêtements il porte, mais ce qu'il fait pour la communauté. Rend-il un service précieux ? Ils sont tout à fait prêts à payer pour un service qui a une réelle valeur, mais ils ont peu de respect pour la dignité et le caractère sacré traditionnel.

Certains semblent penser que l'Église réussit en *se* construisant — que si elle devient forte en tant qu'institution, si elle s'épanouit dans ses aspects extérieurs, elle justifie son existence. Ils sont bien satisfaits si elle augmente en nombre, si elle érige des édifices splendides et beaux, si elle contribue substantiellement à la gloire de la dénomination à laquelle elle appartient, si elle sert réellement le peuple ou non. Mais elle ne pourra jamais répondre aux objectifs de son existence en se contentant de se constituer en institution. Il y a eu des périodes dans l'histoire de l'Église où elle était très forte en tant qu'organisation, mais très faible en tant qu'élément d'utilité dans la vie des gens. De beaux bâtiments, des rituels majestueux et un statut social élevé ne pourront jamais satisfaire le grand fondateur de l'Église. Jésus a dit : « Le Fils de l'homme n'est pas venu pour être servi, mais pour servir et donner sa vie en rançon pour plusieurs. » Il a envoyé son Église faire la même mission. À moins qu'il ne fasse la chose pour laquelle il a été envoyé, son existence n'a aucune justification. Il est là pour servir, pour aider les gens. Dans la mesure où il sert réellement, il peut réclamer et espérer de l'amour, de la reconnaissance et du soutien, mais pas plus. C'est devenu une de mes fortes convictions.

2. Je suis également devenu convaincu que l'Église, si elle fait le bien, doit servir *tout* le monde. L'impression a parfois prévalu que l'Église est pour les bonnes personnes, pour ceux qui sont respectables. On a pensé, et parfois on s'est considéré lui-même, comme ayant l'obligation de s'occuper des religieux de la communauté, ou de ceux qui peuvent être incités à devenir religieux. Il existe une grande classe de personnes qui ne sont pas enclines à la religion et qui n'ont aucune affiliation avec l'Église, et qui, peut-être, n'en ont probablement pas, et dont on n'a pas pensé qu'elle était responsable. Dans presque toutes les paroisses, ou à proximité, il y a un grand nombre de personnes qui ne sont pas touchées par l'Église et qui ne sont pas considérées comme un matériau sur lequel l'Église peut travailler. Certains échappent à son influence car ils vivent si loin qu'ils ne sont pas facilement accessibles. Certains, en raison de leur caractère et de leur position dans la société, sont considérés comme hors de portée. Quel effet cela aurait-il si un groupe de femmes de la rue venait quelques dimanches matin dans l'une de nos belles et respectables églises ? Comment seraient-ils reçus ? Les huissiers leur montreraient-ils des sièges confortables ? Seraient-ils les bienvenus sur les bancs des bonnes personnes réunies pour adorer Dieu ? Et pourtant, le grand Chef de l'Église est venu « chercher et sauver ce qui était perdu ». Il n'a pas évité ces personnes ni les a bannis de sa présence. Il était « l'ami des publicains et des pécheurs » et s'attirait de sérieuses critiques parce qu'il ne faisait pas plus attention à ses associés. L'Église doit avoir l'esprit du Maître, et partout où il y a un homme, une femme ou un enfant, il y en a un auquel l'Église doit s'intéresser et qu'elle doit chercher à servir, quels que soient son caractère, sa condition. , ou sa position sociale. C'est devenu l'une de mes fortes convictions que l'Église a une mission précise envers chaque personne dans la portée possible de son influence, et de cette conviction est née la vision.

3. Il est également devenu évident que si l'Église veut remplir sa mission , elle doit servir *tous* les intérêts du peuple. J'ai été élevé dans l'idée que sa mission était en grande partie, sinon exclusivement, spirituelle. Son principal et presque unique souci était l'âme de l'homme individuel. On pensait qu'un

homme avait une âme et que cette âme était en péril. Son *âme* devait être sauvée, c'était l'essentiel. Peu importe que l'homme lui-même aille vers les chiens, si seulement son âme était sauvée. L'homme fut oublié par l'inquiétude pour son âme. Nous avons été victimes d'une fausse psychologie ; comme si un homme et son âme pouvaient être séparés – comme s'il pouvait exister une chose telle que simplement sauver l'âme d'un homme ! Nous sommes parvenus à voir qu'un homme, bien que composé de plusieurs parties, est une unité. Il n'est pas assemblé mécaniquement, de sorte qu'une partie puisse être prise et traitée et les autres parties ignorées. Il n'est pas construit dans des compartiments séparés, son âme dans l'un et son corps dans un autre. Le christianisme ne s'occupe pas seulement des âmes. Il s'agit d'hommes, et nous nous intéressons à tout ce qui fait d'un homme un homme. La conviction est devenue forte que l'Église devait avoir quelque chose à dire et quelque chose à voir avec tout ce qui constitue la vie de l'homme ; qu'elle devait se faire sentir comme une influence dans ses affaires, son éducation, ses loisirs, sa vie familiale, ainsi que dans ses soi-disant exercices religieux ; qu'il devrait être une force avec lui lundi, mardi et mercredi ainsi que dimanche. En d'autres termes, la ligne qui est censée séparer le sacré du profane doit être effacée, et toute chose commune doit devenir sacrée. Il a été vu que tout ce qui a une place légitime dans la vie d'un homme devrait être la préoccupation de l'Église, et que tout ce qui ne peut être mis en harmonie avec l'Église et ses principes n'a pas sa place dans la vie réelle d'un homme.

4. La conviction est devenue forte que l'église du village, si elle veut remplir sa mission, doit être responsable de l' *évangélisation du pays* . Elle doit s'étendre à tous les quartiers environnants et toucher les gens de manière vitale à des kilomètres à la ronde. Dans la conception populaire, l'influence de l'Église a été réduite et rétrécie jusqu'à ce qu'elle n'inclue plus la moitié du territoire ni la moitié du peuple pris sous sa responsabilité. De nombreux ministres se contentent de flâner dans les limites étroites de leur propre village, avec de temps en temps des excursions à la campagne, tandis qu'il existe des dizaines de familles vivant un peu plus éloignées pour lesquelles ils ne tentent rien. Certains pasteurs considèrent leurs églises comme leur champ plutôt que comme leur force – un champ à cultiver plutôt qu'une force d'ouvriers à conduire dans les vastes champs qui s'étendent au-delà. C'est une grave erreur. Une conception aussi limitée de l'étendue de son œuvre et une idée aussi inadéquate de sa responsabilité réelle et de sa meilleure opportunité condamneront certainement une Église à une inutilité relative et, en fin de compte, à l'échec. Lorsque toutes les églises de village auront la vision et verront leur travail dans sa plénitude, le problème du pays sera résolu.

L'évangélisation des campagnes appartient essentiellement et pratiquement à l'Église du village. L'église du village est la seule à pouvoir réellement s'en charger et la gérer avec succès. Il est du pouvoir des églises des villages et des petites villes de changer tout l'aspect des choses dans le pays, religieusement, moralement et socialement.

Depuis quelques années, le pasteur et l'église de cette histoire essayaient de faire quelque chose pour les régions éloignées, mais ils n'avaient pas compris l'idée que toutes les personnes à des kilomètres à la ronde qui n'étaient pas prises en charge par une autre église se trouvaient dans leur paroisse. qu'ils étaient responsables d'eux et qu'ils avaient une mission envers eux. Ils ont commencé à se rendre compte qu'ils ne faisaient pas la moitié du travail qu'ils pouvaient et devraient faire ; qu'il y avait des dizaines de familles et des centaines de personnes, pour qui l'Église n'était rien, et à qui il fallait faire ressentir sa force d'une manière stimulante et édifiante. Ils ont commencé à ressentir la pression de cette obligation qui pesait sur eux depuis toujours et dont ils avaient été inconscients ou indifférents. La voix de Dieu commença à résonner clairement à leurs oreilles : « Allez dans ces champs de moisson mûrs et cueillez des gerbes pour le Maître. » La conviction est devenue si forte qu'ils devaient entreprendre un travail plus vaste, et le devoir est devenu si clair qu'ils se sont étonnés de ne pas l'avoir vu depuis longtemps.

5. La conviction est devenue forte que, pour que l'église du village puisse remplir sa mission, elle devait être une église communautaire. Je pensais que l'Église avait simplement affaire à des individus ; que son travail était de s'étendre ici et là, de s'emparer de celui-ci et de celui-là, et que là se terminait son travail. La société était conçue comme un tas de sable et non comme un organisme. L'homme a été considéré en lui-même seulement, et non dans ses relations, et ainsi il a été mal compris, car rien ne peut être véritablement et pleinement connu sauf dans ses relations. Mais il est devenu évident que cette conception exclusivement individualiste était une erreur ; qu'il existe une vie communautaire, la vie que tous les hommes ont en commun ; que les hommes sont liés entre eux par des intérêts communs ; qu'ils sont membres les uns des autres ; que « aucun de nous ne vit pour lui-même, et aucun ne meurt pour lui-même ». La conviction s'est renforcée que l'Église devait tenir compte de cette vie communautaire à laquelle l'individu fait partie ; qu'elle doit s'occuper non seulement des hommes, mais de *l'homme* ; qu'elle soit au service de toute la communauté, et que rien ne soit étranger à l'Église ou ignoré par elle, ce qui concerne d'une manière ou d'une autre la vie commune du peuple.

Cette conviction n'enlève rien à mon appréciation de l'importance du spirituel ou de l'individu. Je considérais toujours la partie spirituelle d'un homme comme sa partie la plus essentielle. Il était encore évident que nous devions traiter les hommes en tant qu'individus, mais je les reconnaissais aussi dans leur relation organique avec l'ensemble de la vie de la communauté. Non seulement les âmes des hommes devaient être sauvées, mais les *hommes* eux-mêmes devaient être sauvés. Non seulement les *hommes* devaient être sauvés et élevés vers une vie meilleure, mais la *communauté tout entière* devait être sauvée, et la vie communautaire devait être élevée et placée à un niveau supérieur.

De ces convictions, de plus en plus positives, est née la vision dont la réalisation fait l'objet de ce récit.

III
COMMENT LA VISION EST VENUE

LA genèse d'une vision est toujours intéressante, bien que souvent obscure. Un jour, un certain côté de la vie est vide. Il n'y a aucune perspective, aucune allusion à la luminosité à venir. Un autre jour, cet aspect de la vie est rendu tout radieux et glorieux par une vision claire et précise qui invite à des réalisations futures. Parfois, cela survient soudainement, comme la vision de Pierre alors qu'il était sur le toit d'une maison à Joppé ; et parfois, il se lève graduellement et se peint peu à peu de belles couleurs sur le ciel de la conscience intérieure. Comme nous l'avons remarqué dans un chapitre précédent, une conviction est l'œuf d'où vient la vision ; mais l'œuf n'est qu'une matière morte et informe jusqu'à ce qu'il soit couvé et réchauffé pour lui donner vie. Ainsi, une conviction peut être forte et positive, mais elle peut exister pendant longtemps, sans forme, sans vie et inutile, jusqu'à ce qu'elle soit vivifiée par l'esprit maussade d'un homme, et devienne ainsi une force active et inspirante. Il peut donc être utile et nécessaire à la bonne compréhension de cette histoire de raconter comment la vision est née.

Depuis quinze ans, je travaillais dans ma paroisse de campagne. Ce furent des années heureuses de travail joyeux et harmonieux. J'étais satisfait de mon travail. Bien qu'éloigné des grands centres de population, dans un petit village et avec des gens aux moyens très modestes, ce sentiment d'inquiétude qui gâte la paix et gâche le travail de tant de ministres avait disparu. Mon peuple était fort et robuste, fidèle et reconnaissant comme beaucoup, prêt à coopérer à la réalisation de tous les plans de travail que le pasteur pourrait proposer. Ils étaient de formidables adeptes, répondant rapidement à toutes mes suggestions. Il y avait une bonne entente entre moi et les gens.

J'ai été appelé à traverser une profonde affliction. Ma maison a été détruite par un accident vasculaire cérébral et je suis resté seul. Dans la sombre vallée du chagrin, mon peuple m'a accompagné aussi loin qu'il a pu aller, et cela a semblé nous unir par des liens très forts et très tendres. Chaque maison de toute la paroisse m'appartenait. Tous les enfants m'appartenaient. Il y avait une chaise pour moi à chaque coin du feu et une assiette à chaque table.

Mais au fil des années, des opportunités alléchantes se sont présentées pour travailler ailleurs. Je n'étais pas sans mes ambitions et mes aspirations. Je voulais donner toute la mesure de mes capacités et faire de mon mieux. Et quand certaines occasions se sont présentées qui ont fait paraître en comparaison la petite paroisse de campagne plutôt petite et maigre, je n'ai pas été tout à fait à l'abri d'elles. Devenir pasteur adjoint dans une église célèbre d'une grande ville, entreprendre le travail de missionnaire général pour tout un État semblait promettre des domaines d'utilité si riches et si vastes qu'ils faisaient un puissant appel au meilleur qu'il y avait en moi, et peut-être aussi au pire. J'ai passé des semaines et des mois à réfléchir à ces propositions et je les ai finalement rejetées. Je ne pouvais pas me résoudre à rompre mes liens avec ceux avec qui j'étais si longtemps et si étroitement lié. Le lien personnel était trop fort et j'ai décidé de rester avec mon peuple.

Cette décision s'est accompagnée d'une introspection approfondie. Cela a marqué un tournant dans mon histoire spirituelle. J'ai été impressionné par l'idée que si Dieu voulait que je reste dans mon travail actuel, ce devait être dans un but particulier. Les choses ne pourraient pas être dans le futur comme elles l'étaient dans le passé. Il serait criminel de refuser un travail plus important pour un travail de petite taille, à moins qu'il n'y ait de bonnes et suffisantes raisons de le faire. Si le Seigneur voulait que je reste dans cette paroisse de campagne, il doit y avoir là une œuvre qui vaille la peine de ma part, une œuvre qui, dans une certaine mesure, au moins, s'approcherait en importance de la vaste proposition formulée. par la ville et l'État. Quel était le travail ? Y avait-il quelque chose à faire parmi ces collines et dans ces forêts en voie de disparition rapide qui puisse enflammer les ambitions d'un homme et satisfaire ses hautes aspirations ?

Juste ici, la vision est venue. Au début, une commune entière s'est révélée être une paroisse possible, avec chaque famille tributaire de l'église, et l'église accomplissant un ministère précieux pour tous. La vision s'est élargie jusqu'à englober une autre commune et des parties de trois ou quatre autres. Il devint évident que près de la moitié d'un comté était tributaire de l'Église, que cinq cents familles et deux mille cinq cents personnes attendaient son ministère. Je me suis rendu compte que j'étais appelé à être le pasteur de tous ces gens, sur cinq ou six milles dans toutes les directions, que l' église de Benzonia était responsable d'eux tous, qu'ils avaient le droit de se tourner vers nous pour le service. et de l'aide, et que si nous ne parvenions pas à la donner , nous serions infidèles à notre Maître et recréer notre confiance. Puis j'ai dit : « Voici quelque chose qui vaut la peine d'être fait. Ici peut se réaliser une expérience d'évangélisation des campagnes et d'amélioration rurale qui pourrait aider à arrêter la tendance à la baisse devenue si alarmante ces derniers temps. C'est pour cela que Dieu m'a gardé ici. Si je peux faire de cette vision une réalité, je n'ai pas besoin de désirer un champ plus vaste. Si je peux aider les autres à voir cette vision et les inspirer avec enthousiasme pour la concrétiser dans des domaines plus vastes que le mien et dans de nombreuses régions de notre pays, je ne regretterai jamais d'être resté fidèle à cette vision. La vision est venue comme une compensation. C'était la récompense que Dieu a donnée pour avoir suivi sa direction sur des chemins où mes inclinations naturelles ne m'auraient pas disposé à aller. Dieu veut que nous fassions de notre mieux et de notre plus grande œuvre. Il ne nous appelle jamais à une œuvre plus petite. S'il nous ordonne de suivre un chemin humble et de suivre un chemin obscur, nous y trouverons notre véritable œuvre de vie.

L'Église s'intéressait depuis de nombreuses années aux missions nationales et étrangères. J'ai prêché fréquemment sur ce sujet et je l'ai constamment présenté au peuple. Des collectes régulières étaient organisées pour les objets missionnaires, et le plan de prospection de tous les membres était en vigueur depuis longtemps. La réponse a toujours été générale et libérale. En fait, ceux qui connaissaient bien les Églises de l'État disaient souvent que, proportionnellement à ses ressources, ses dons étaient plus importants que ceux de toute autre Église. Non seulement ils ont donné de l'argent, mais ils ont aussi donné leurs fils et leurs filles pour porter l'Évangile dans les régions les moins favorisées. Beaucoup de jeunes femmes de l'Église étaient allées enseigner dans des écoles missionnaires à domicile. Et vint un beau sabbat d'été où une nièce préférée, élevée chez moi, et membre actif et utile de l'église, aimée de tous, avec des services solennels dans la petite église au sommet de la colline, fut consacrée au travail à l'étranger et envoyée. avec les prières et les bénédictions de tout le peuple pour les représenter parmi les millions de Chinois qui s'éveillent .

Un jour, alors que j'étais assis dans mon bureau, réfléchissant à ces choses, l'absurdité de la situation m'est venue d'un coup. « Ici, nous collectons de l'argent pour envoyer nos fils et nos filles dans les régions les plus reculées de la terre, mais nous ne faisons absolument rien pour des dizaines de familles qui sont presque au son de la cloche de notre église. Nous nous sentons une certaine responsabilité à l'égard des millions d'habitants d'autres pays que nous n'avons jamais vus et que nous ne reverrons jamais, mais nous ne nous sentons pas vraiment responsables à l'égard de ceux qui ne sont séparés de nous que par quelques kilomètres. Nous avons hâte de donner l'Évangile aux gens de couleur, aux Chinois et à ceux des races étrangères ; mais nous n'avons pas ressenti une telle inquiétude pour ceux de notre race qui ne sont pas si loin. Il y a de nombreuses familles et des centaines de personnes dans un rayon de cinq ou six miles de notre église qui sont pratiquement privées de l'Évangile, tout comme le sont les Chinois ou les insulaires des mers du Sud. Nous n'avons fait aucun effort systématique pour les intéresser à ces choses. Nous ne leur avons donné aucune raison de croire que nous sommes attirés vers eux par des motivations semblables à celles du Christ. Il doit sûrement y avoir quelque chose de faux dans nos calculs. Puis j'ai entendu le Maître dire : « Vous auriez dû faire celles-ci et ne pas laisser les autres en suspens. »

Et puis est venue la vision de « La plus grande paroisse ». J'ai vu l'Église tendre la main et toucher avec tendresse mais efficacité tous les gens des environs. J'ai vu l'Église se sentir responsable de chaque famille et les compter toutes comme faisant partie des limites de sa paroisse. Je considérais chaque famille dans toute cette vaste région comme tributaire de l'Église. J'ai vu l'Église faire des plans systématiques pour transmettre l'Évangile à tous ces quartiers éloignés. J'ai commencé à considérer tous ces gens comme mes paroissiens tout autant que ceux qui vivaient près de l'église et en étaient membres. C'est ainsi que m'est venue la vision de la plus grande paroisse. Dans mon esprit, j'ai annexé tout le pays environnant et j'ai commencé à élaborer des plans pour l'évangélisation et l'aide à tous les gens qui y habitaient. Ainsi, sous l'impulsion des missions étrangères, est née la vision du travail qui devait et pouvait être fait plus près de chez nous.

Et il serait peut-être bon d'ajouter que depuis le début des travaux de la Grande Paroisse, les contributions aux missions étrangères ont plus que doublé. Il y a trois ans, il y a ceux qui, sur tout ce vaste territoire, connaissaient peu la mission et s'en moquaient, mais qui sont maintenant désireux d'apporter leur contribution au soutien du missionnaire en Chine, dont notre Église s'est engagée à fournir la moitié du salaire.

Et ainsi la vision est venue, d'en haut comme le font toutes les bonnes visions, mais elle est venue en marchant sur le chemin du devoir, dans le déploiement d'une expérience plus vaste. Celui qui suit la lumière naissante aura la vision.

IV
COMMENT LA VISION DEVENUE UNE RÉALITÉ

LA valeur principale des visions réside dans leur réalisation. Un homme visionnaire est celui qui voit mais ne fait pas. Il a des révélations de possibilités magnifiques, mais elles ne se matérialisent pas. Le ciel de sa conscience intérieure est entièrement recouvert de belles images, mais ces dessins ne se retrouvent jamais sur la toile ou dans le marbre et ne trouvent jamais leur accomplissement dans la chair et le sang. Les plans et devis les plus élaborés n'abriteront pas une famille ni ne constitueront une maison. Ils doivent être incarnés dans la brique, la pierre et le bois afin de leur donner de la valeur. Seule la concrétisation des idéaux peut empêcher le visionnaire de devenir un visionnaire.

Il est toujours intéressant et instructif de retracer le processus par lequel une vision devient réalité. Souvent, le chemin qui mène au but est obscur, difficile et fastidieux, mais il vaut la peine de le suivre. Ce chapitre tentera de retracer le processus par lequel la vision de la plus grande paroisse est devenue réalité.

J'avais une perception claire de deux choses : le travail à faire et l'instrument par lequel il devait être accompli ; mais la manière dont l'instrument devait accomplir le travail n'était pas aussi évidente. Ici se trouvait l'église, et là se trouvaient les gens ; mais comment les rapprocher à leur avantage mutuel ? J'étais un homme très occupé depuis des années. Mon temps avait été entièrement occupé et je n'avais pas cru qu'il serait possible de prendre davantage de travail. Comment pouvais-je multiplier mes activités plusieurs fois tout en restant efficace ? L'Église avait été active et agressive. Il avait fait de grandes choses. De l'avis de certains, il a déployé des efforts excessifs pour mener à bien sa tâche. Comment pourrait-il quadrupler la taille de sa paroisse en annexant tout le territoire dans un rayon de cinq milles dans toutes les directions, et augmenter plusieurs fois sa circonscription. Ne serait-elle pas submergée par ses acquisitions ? Ne serait-il pas dépassé par le nombre et la grandeur de ses obligations et de ses responsabilités ? Elle n'avait pas servi de manière adéquate tous les habitants de sa petite paroisse. Qu'en serait-il si ses limites étaient si considérablement élargies ?

Ces questions et bien d'autres douteuses se posaient, et les réponses n'étaient pas à portée de main. Mais il y avait les quartiers périphériques ; sans les consulter je les avais annexés à ma paroisse. Il y avait l'église ; sans demander son consentement, dans mon esprit, j'avais multiplié son travail et multiplié par plusieurs ses fardeaux . J'avais pour tâche auprès du peuple de le convaincre d'être annexé ; avec l'Église, pour l'amener à accepter ses fardeaux plus lourds et ses responsabilités plus grandes ; et une tâche encore plus grande consiste à amener l'Église et le peuple dans des relations telles que l'œuvre soit accomplie. Comment ai-je accompli ma tâche ?

1. La première chose à faire était de faire une étude du terrain. J'ai commencé à considérer les deux mille cinq cents personnes de cette plus grande paroisse comme m'appartenant. Je me sentais une certaine responsabilité envers eux tous. Nous, en tant qu'Église et pasteur, devons faire quelque chose pour eux tous, et pour le faire, nous devons tous les connaître. J'ai donc commencé à rendre visite à toutes les familles de ce vaste territoire. Bien entendu, je connaissais déjà beaucoup d'entre eux. Mais je n'avais pas touché de près beaucoup de ceux qui étaient plus éloignés, même si au cours de mes quinze années de pastorat, rares étaient ceux qui ne me connaissaient pas. Je parcourais toute la paroisse, vivant avec les gens, m'absentant souvent de chez moi pendant deux ou trois jours à la fois, jusqu'à ce qu'il n'y ait presque plus de maison dans toute cette région où j'étais étranger. Ce fut un travail des plus agréables et des plus enrichissants. J'étais accueilli partout. Presque sans exception, les gens semblaient heureux d'entrer en contact avec le représentant de l'Église. Fatigué de corps, mais heureux de cœur, je me couchais la nuit sous l'abri du toit de quelque paysan hospitalier, après avoir passé la soirée en conversation amicale avec lui et sa famille. Une telle occasion de se rapprocher des gens vaut une vingtaine de sermons.

Cette tournée de visite dura plusieurs semaines ; en fait, une grande partie des mois d'automne se passa de cette manière, et dans bien des domaines souhaitables, on accomplit davantage au cours de ces trois mois que ce qui avait été fait au cours des quinze années précédentes. J'ai appris à connaître les gens de l'extérieur comme je ne les avais jamais connus auparavant. Mon contact avec eux était plus chaleureux et plus proche. J'en suis venu à les considérer d'une manière différente. Mon intérêt pour eux était plus précis et plus intelligent. J'en suis venu à comprendre le domaine – à connaître son étendue, ses difficultés et ses encouragements – et j'étais ainsi prêt à affronter la tâche que Dieu m'avait confiée.

L'effet sur moi de ces tournées parmi le peuple fut des plus salutaires. Outre les informations que j'ai acquises, j'ai gagné encore plus en sympathie, en compréhension, ainsi qu'en inspiration et en enthousiasme qui sont entrés dans mon âme. Je faisais habituellement ces tournées apostoliques à pied. Je partais le matin avec mon état-major à la main avec un itinéraire général préalablement balisé. Si je voyais un homme labourer un champ, je m'asseyais avec lui sur le longeron pendant que ses chevaux se reposaient, et je parlais longuement de sa ferme, de sa maison, des questions d'intérêt de la communauté, et il y avait c'est presque toujours une bonne occasion de dire quelques mots sur les choses du Royaume. Puis, à l'heure du dîner ou du souper, lorsque toute la famille était réunie, c'était l'occasion d'entrer dans la vie de famille et de faire pour un moment partie du cercle familial. J'ai constaté que lorsque je rencontrais les gens, non pas en tant que ministre, mais en tant qu'homme et ami, il y avait toujours une réponse chaleureuse et joyeuse, et il était facile d'obtenir une écoute sympathique pour mes projets et mes projets. Il y avait beaucoup à gagner à établir des relations aussi étroites avec la population. Sans une telle base, le travail de la plus grande paroisse aurait difficilement pu être mené à bien.

2. Ma tâche avec l'Église, en l'amenant à connaître mon point de vue, à voir la vision telle que je l'ai vue et à coopérer pour en faire une réalité, n'a pas été difficile. Ils étaient prêts pour un travail plus important – du moins, ils étaient prêts à être préparés. Tout ce dont ils avaient besoin, c'était de lumière et de leadership. C'est ce que je me suis engagé à donner. Je leur ai fait part de ma vision de la Grande Paroisse. Je l'ai présenté continuellement devant eux, en le prêchant le jour du sabbat et en en parlant lors de la réunion de prière. J'ai décrit la situation telle qu'elle m'avait été révélée dans mes déplacements apostoliques. De semaine en semaine, je pouvais voir la flamme de l'enthousiasme s'allumer dans la congrégation. Il y avait manifestement un regain d'intérêt pour le travail dans son ensemble. Les gens ont commencé à en comprendre le caractère raisonnable. Ils ont commencé à ressentir un certain sentiment de responsabilité, de la joie et de l'espoir à mesure que la possibilité de le faire commençait à se faire jour pour eux.

Je crois que la base de nos églises est plus prête à se lancer dans un service plus important que la plupart d'entre nous ne le pensent. Il y a en réalité plus de volonté d'accepter de nouvelles tâches et de s'engager dans des entreprises agressives qu'on ne le croit. Les gens veulent faire quelque chose. Ils veulent un travail qui en vaut la peine . De nombreuses églises languissent à la recherche d'un travail qu'elles peuvent appréhender et accepter – pour quelque chose d'assez grand et d'assez difficile pour défier leurs pouvoirs et attiser leur enthousiasme. Et lorsqu'on leur fait une proposition qui leur semble saine et sensée, lorsqu'ils peuvent avoir confiance en leurs dirigeants, ils sont généralement prêts à s'aligner et à avancer d'un pas ferme et régulier. C'était le cas de cette église particulière, et ils ont soutenu dès le début le travail de la plus grande paroisse avec une solide phalange. Il n'y a eu ni kickers, ni knockers. Dans tout ce travail, j'ai eu la satisfaction de savoir que les gens étaient avec moi. Ils ont été des aides tout au long du chemin et non des obstacles.

3. Mais par où commencer ? Comment pouvons-nous déménager dans cette plus grande paroisse et mettre la main sur cette plus grande œuvre ? D'une certaine manière, nous devons être quelque chose pour tous ces gens. Nous devons trouver un moyen par lequel l'Église puisse se faire sentir comme une force dans ces cinq cents foyers. Mais comment? Eh bien, j'ai commencé à organiser des services dans les écoles des environs. Je pourrais tenir au moins une réunion par semaine dans ces antennes en plus de mes fonctions

habituelles. Cela semblait un tout petit début, mais c'était un début. C'était le début du travail plus vaste qui a suivi. Le mercredi soir, certains de mes gens m'emmenaient dans ces points plus éloignés, où j'étais presque invariablement accueilli par une congrégation bonne et attentive. Je n'avais pas de moyen de transport personnel, et j'en étais heureux, car cela donnait une excuse pour faire appel à mes gens pour le transport et leur donnait l'occasion de prendre part aux travaux ; car je considérais que le succès de l'œuvre dépendait, non pas tant de ce que je faisais ou disais, que de l'attitude que les gens de l'Église prenaient à son égard . Et la présence des hommes avec moi dans ces services augmentait considérablement l'efficacité des efforts. J'étais prédicateur et j'étais simplement « dans mon travail ». *Ils* représentaient l'Église et proclamaient aux habitants des régions éloignées son attitude à leur égard. Dans certains quartiers, il n'y avait pas d'écoles et les services religieux se déroulaient dans des maisons privées. De cette manière simple, le travail a commencé à grandir.

4. Au début , je n'avais aucune idée précise de la façon dont le travail allait se développer. J'ai simplement commencé à faire ce que je pouvais pour les gens de ce vaste territoire. Mais il est vite devenu évident qu'un seul homme ne serait pas en mesure d'accomplir tout le travail qui m'attendait. Le besoin d'une aide commençait à se faire sentir, mais la possibilité d'en trouver une ne m'était pas encore apparue. Le Missionnaire Général de l'État s'intéressa à cette œuvre et fut le premier à suggérer qu'on puisse lui trouver un Assistant. Cela a mis un nouvel espoir et du courage dans mon cœur. L'affaire a été portée à l'attention du surintendant de l'État, qui a consulté son comité consultatif. Il arriva sur le terrain et, après avoir fait une enquête approfondie, convint avec le Missionnaire Général qu'une aide était nécessaire. Il pensait que le travail proposé était un travail missionnaire légitime, que la meilleure façon d'évangéliser le pays tout entier était que chaque église de village s'étende aussi loin que possible dans le pays alentour, jusqu'à ce que village après village touchent la main sur une région qui est suffisamment pourvus de privilèges évangéliques.

Le résultat fut qu'une proposition fut faite par le surintendant à l'église. Il s'agissait essentiellement de ceci : que nous devions accueillir dans la Parish Grace Church, une petite organisation congrégationaliste située à quatre milles de Benzonia , qui était moribonde depuis longtemps, sans services réguliers depuis plusieurs années. La Home Missionary Society accorderait une subvention de cent dollars si Grace Church collectait cent cinquante dollars. Il était entendu que l' Église de Benzonia réunirait les deux cent cinquante dollars restants qui devaient constituer le salaire de l'Assistant. Cela devrait être la contribution de l' Église de Benzonia à la Home Missionary Society, mais devrait être restituée au champ de Benzonia pour être dépensée dans le développement de la plus grande paroisse. Cette proposition a été soumise à l'église lors d'une réunion ordinaire, et par un vote unanime, elle a été acceptée, et ainsi l'église s'est engagée de manière formelle et positive dans le travail de la plus grande paroisse.

Le curé souhaite exprimer sa gratitude pour le rôle que les officiers d'État de la Conférence de la Congrégation ont joué dans le développement de la plus grande paroisse. Sans leur coopération, il n'aurait jamais pu atteindre son stade actuel de développement. Avec une clairvoyance et des contributions généreuses , ils ont favorisé ce travail, et le succès de l'expérience est en grande partie dû à leur intérêt bienveillant et à leurs efforts sages et utiles. Ils l'ont considéré comme la démonstration d'une méthode de résolution du problème national qui, si elle s'avère efficace, peut trouver une large application dans tout l'État, et ils ont été heureux de lui apporter leur influence encourageante et leur aide substantielle. Il est possible que le « Plan de paroisse plus grande » fournisse une méthode des plus efficaces pour l'activité missionnaire à domicile.

5. Mais il fallait ensuite trouver l'homme qui, pour un salaire de cinq cents dollars, serait prêt à entreprendre le travail de parcourir trois townships et à devenir le sous-pasteur de deux mille cinq cents personnes. La plus grande paroisse n'était toujours pas organisée. C'était encore une vision plutôt indéfinie et non réalisée. Il était clair que, d'une manière ou d'une autre, l'œuvre évangélique devait être inaugurée sur tout ce vaste territoire ; mais la forme exacte que cela prendrait n'était pas encore aussi claire. L'assistant doit être un homme d'initiative et doté de capacités exécutives. Il doit être capable de tracer de nouvelles lignes et de marcher sur des sentiers inédits. Il y aurait beaucoup de travail acharné, beaucoup de tact et de sagesse, et une exigence absolue de consécration. Avec ces qualités agressives, il doit aussi être capable d'agir sous la direction d'un autre, et de poursuivre cette œuvre en harmonie avec le pasteur de l'église.

Cela semble être une combinaison rare, et la tâche de trouver un homme qui s'intégrerait dans cet endroit plutôt particulier semblait très grande, d'autant plus qu'une erreur ou un échec au début du travail pourrait le retarder indéfiniment, ou gâcher l'œuvre. cela entièrement. Mais avec une rapidité inattendue, on trouva l'homme qui répondait le mieux aux besoins. Il avait terminé ses études secondaires, enseigné deux trimestres dans une école de campagne et passé du temps dans les camps de bûcherons et de construction des forêts du nord du Michigan et du Wisconsin. Il avait eu une expérience large et variée pour un si jeune dans presque tout, sauf le travail chrétien et la prédication. En cela, il était novice. Aucun d'entre nous – pas même lui-même – ne savait ce qu'il pouvait faire. Il n'avait qu'un seul sermon pour commencer et tous ses pouvoirs n'étaient pas encore éprouvés.

Je lui ai établi un planning de rendez-vous. Au début, il y avait sept quartiers où il devait tenir des offices, prêchant à l'église Grace tous les dimanches matin et dans d'autres endroits aussi souvent qu'il le pouvait. Son programme régulier du dimanche consistait en trois sermons, un parcours de douze à vingt milles, avec des « ascenseurs » occasionnels qu'il pouvait recevoir de temps en temps. Il passait plusieurs jours de chaque semaine parmi le peuple, partageant son hospitalité et entrant dans sa vie. Pendant deux ans et demi, il a vécu cette vie fatigante, organisant le travail selon diverses lignes, mettant de l'ordre dans le chaos, se rapprochant des gens et se faisant un espace vaste et chaleureux pour lui-même et son travail dans toute la grande paroisse. Il réussit et à la fin de cette période, il fut recherché comme pasteur étudiant dans plus d'une ville universitaire et partit poursuivre ses études universitaires, payant ses dépenses en offrant ses services comme pasteur adjoint dans une grande église universitaire.

Au fur et à mesure que le travail se développait et que les limites de la plus grande paroisse s'étendaient, il s'est avéré nécessaire d'employer un deuxième assistant, et trois hommes ont trouvé plus de travail à faire qu'ils ne pouvaient en couvrir entièrement. Les relations entre le curé et ses deux collaborateurs sont très étroites et heureuses.

6. Certaines réalisations en matière de comité confessionnel sont d'une importance significative et ont grandement aidé le travail de la grande paroisse. J'avais observé que dans de nombreuses régions de notre pays, le zèle pour la dénomination avait dépassé l'amour pour le Royaume, et je désespérais de faire un travail comme celui qui devrait être fait dans la région alentour, à moins qu'il ne puisse y avoir une nouvelle orientation de la chrétienté. les forces. En de nombreux endroits, les églises se sont multipliées au grand détriment de la cause qu'elles sont censées représenter.

Il est vrai que certaines parties de nos villes sont surchargées d'églises , mais le mal ne se fait pas tellement sentir en raison du matériel illimité sur lequel travailler. C'est à la campagne, dans les petites villes et dans les villages, que se fait le plus de mal. Il existe de nombreux quartiers de campagne où une église prospérerait et serait une grande bénédiction ; mais deux églises gâtent complètement la communauté, en ce qui concerne les intérêts du royaume. Souvent, trop d'églises est pire que pas assez. S'il n'y a pas d'églises, il y a une chance pour que quelqu'un vienne et démarre une œuvre réussie. Mais s'il y en a trop, les forces sont si divisées qu'aucune d'entre elles ne peut accomplir un travail vigoureux, elles vivent toutes « à un rythme de mort médiocre », une compétition impie est presque inévitable, et par leur lutte infructueuse, elles vainquent l'objet même. pour lequel ils existent. Un ministre qui s'était récemment dirigé vers un nouveau domaine a répondu à l'enquête sur ses progrès : « Je vais très bien maintenant. Je n'ai que deux églises à affronter dans mon nouveau domaine. J'en avais trois avant. Les peuples du monde, regardant la situation de la communauté sur-ecclésiastique , la considèrent avec mépris, car c'est tellement illogique et déraisonnable. Ce mal est reconnu par tous, et ne sera plus longtemps toléré par ceux qui sont sincèrement intéressés au progrès du Royaume. En fait, il y a aujourd'hui un fort mouvement vers un meilleur état des choses.

Un bel exemple de ce qui peut être fait en matière de courtoisie confessionnelle lorsqu'un esprit véritablement chrétien prévaut a été montré dans ce domaine, et il a beaucoup contribué à rendre possible le travail de la plus grande paroisse. En Benzonie , il existait une petite organisation méthodiste, en plus de l'Église congrégationaliste qui existait depuis trente ans, mais elle n'a jamais réussi à s'implanter très solidement et, finalement, il est devenu évident pour tous qu'elle n'était pas nécessaire. À huit kilomètres de là, il y avait une autre église méthodiste à Champion Hill, qui se trouvait en réalité sur le territoire de la plus grande paroisse. Dans un comté voisin, les congrégationalistes possédaient deux églises à peu près du même niveau et entourées de l'œuvre de l'Église épiscopale méthodiste. Les représentants des deux confessions se sont réunis, ont étudié l'ensemble de manière approfondie et ont pu parvenir à une décision unanime et cordiale qui a été satisfaisante pour les deux parties. L' église épiscopale méthodiste de Benzonia a été abandonnée et l'église Champion Hill est devenue congrégationaliste. Et les deux églises congrégationalistes du comté voisin devinrent méthodistes, laissant ainsi un champ libre dans chaque comté pour chaque dénomination, au grand avantage des deux. Il est entendu qu'aucun travail ne doit être entrepris par l'une ou l'autre confession sur le territoire ainsi cédé.

Il était relativement facile de régler la question avec les fonctionnaires, mais il y avait quelques doutes quant à savoir si les Églises elles-mêmes pourraient être amenées à consentir à un changement. Ils reçurent la visite de deux représentants, un de chaque confession, et toute la question leur fut expliquée en détail, montrant à quel point le travail pouvait être mieux réalisé dans le cadre du nouvel arrangement et, bien qu'il y ait eu une certaine réticence de la part de certains qui étaient fortement attachés Selon leurs anciennes associations ecclésiales, la plupart des membres ont accepté la situation et ont joyeusement opéré le changement. Après avoir essayé pendant un an, ils semblaient tous très satisfaits de leurs nouvelles relations, et une nouvelle vie et une nouvelle vigueur sont entrées dans tout le travail.

Les intérêts fonciers impliqués dans l'échange ont été ajustés d'une manière très heureuse. Les quatre églises avaient des lieux de culte et certaines d'entre elles avaient des presbytères. Une commission a été nommée pour évaluer la propriété, composée de deux membres chacun des églises congrégationaliste et méthodiste de Traverse City. Ils s'y rendirent ensemble, examinèrent tous les fonds et rapportèrent un rapport. Les deux hommes méthodistes pensaient que les congrégationalistes devraient donner en plus deux cent cinquante dollars. Les deux hommes de la congrégation pensèrent que les méthodistes devraient donner deux cent cinquante dollars. Ils ont donc accepté de commercer à égalité, et toutes les parties ont été satisfaites. Cela donne aux congrégationalistes une compétence incontestée sur tout le territoire de la Grande Paroisse. Dans toute cette région, ils sont sans concurrence, à l'exception d'une petite église de disciples dans un coin du terrain, qui divise le travail d'un quartier à son grand désavantage. Il y a un bon nombre de méthodistes vivant dans les limites de la plus grande paroisse, mais la plupart d'entre eux s'allient à l'église qui fait le travail, et il en va de même pour les congrégationalistes. Ils sont désormais très satisfaits de cet arrangement.

ainsi retracer les étapes par lesquelles la vision est devenue réalité. Le travail a été un développement progressif dès le début, une étape menant à une autre, souvent avec pas plus de lumière que ce qui était suffisant pour chaque étape.

V
LES MÉTHODES DE LA PLUS GRANDE PAROISSE

PRATIQUES qui peuvent être appliquées avec succès constituent un grand besoin dans toute entreprise. La véritable mesure de la valeur d'un plan ou d'un projet se trouve dans ce qu'il accomplit. Cela peut paraître beau – la vision peut être séduisante – mais est-ce que cela fera vraiment l'affaire ? Si, après un procès équitable, les résultats suffisants pour justifier l'effort n'apparaissent pas, le projet, la méthode, la vision, aussi prometteurs qu'ils aient pu paraître, doivent être abandonnés. Une scierie qui ne produit pas de bois finit bientôt à la casse. Ainsi, un plan qui n'apporte pas de résultats sera bientôt relégué dans les limbes des choses peu pratiques et inutiles. Bien entendu, il faut du temps pour tester équitablement un plan, une entreprise ou une méthode. Une expérience importante ne peut pas être terminée en un jour. Mais après trois ans, il est temps de chercher des preuves de succès. Qu'avons-nous à montrer après trois ans de travail qui justifierait les méthodes utilisées ? Quelles méthodes ont été employées ? Comment ont-ils travaillé et qu'ont-ils accompli ?

Rien n'est terminé. Le travail est en pleine croissance et est encore en cours de développement. Nous cherchons sans cesse quelque chose de plus à faire pour les gens, et de plus grandes possibilités de service s'ouvrent continuellement devant nous. Mais on peut dire qu'elle a dépassé le stade expérimental. Plus personne ne considère cela comme une simple expérience. Il s'agit d'un plan pratique en opération réussie. L'Église a désormais une politique bien définie. Les gens ont accepté l'idée de la plus grande paroisse et coopèrent chaleureusement à sa réalisation. Le travail a été organisé en fonction des divers intérêts humains de la communauté et se poursuit avec un certain degré de satisfaction. Nous sommes désormais en mesure de livrer *certaines* marchandises – au moins suffisamment pour prouver que nous travaillons sur un projet pratique ; assez, comme nous le pensons, pour être une prophétie certaine de meilleurs résultats dans le futur.

I. PROGRÈS RELIGIEUX ET ÉVANGÉLIQUE

Tout d'abord, je parlerai de certaines méthodes utilisées et de certaines choses faites qui montrent un progrès religieux. Cela doit être le test crucial de toute œuvre d'église. Cela doit être un travail pour le royaume de Dieu. Elle doit mettre les gens en harmonie avec Dieu et sa vérité, elle doit les aligner du côté de Jésus-Christ, sinon on ne peut pas dire qu'elle réussit, quelles que soient les autres choses désirables qu'elle puisse accomplir. Il n'est pas facile de compiler des résultats spirituels. Toute démonstration pouvant être faite sur papier peut être plus que la vérité ou moins que la

- 28 -

vérité. Les rapports sur les organisations, les méthodes et les activités peuvent être trompeurs. Tout ce qu'ils peuvent faire, c'est se rapprocher de la vérité. Et pourtant, c'est la seule façon dont nous disposons pour rendre compte des résultats spirituels. Les résultats du travail religieux doivent apparaître dans la vie des gens, dans le sentiment chrétien de la communauté, dans la tendance ascendante de tout ce qui contribue à la justice et à l'établissement et à la prédominance du royaume de Dieu. Ces choses ne peuvent pas être rapportées avec certitude, mais certaines choses peuvent être mentionnées qui indiqueront des progrès.

Le travail a été assez bien organisé dans toute la paroisse et avance régulièrement dans des directions définies. Il y a maintenant douze points où des offices dominicaux réguliers ont lieu sur ce territoire, qui comprend un township entier et des portions de cinq autres. Ces services ont lieu dans une église, six chapelles, quatre écoles et une maison privée. D'autres points demandent des services, mais avec nos effectifs actuels, aucun travail ne peut plus être entrepris. Ces points de prédication sont disposés de telle sorte qu'aucune famille, à l'exception de quelques-unes qui habitent dans un coin reculé de la paroisse, n'a besoin de parcourir plus d'un mile et demi pour trouver un lieu de culte. La fréquentation globale de ces services sera en moyenne d'environ six cents, sur une population de deux mille cinq cents habitants, environ un quart des habitants de la paroisse étant présent avec un certain degré de régularité.

Il y a quatre églises organisées dans la paroisse, à Benzonia , Grace, Champion Hill et Eden. Le nombre total de leurs membres est d'environ quatre cents. Lorsque l'église a été organisée à Eden l'année dernière, trente membres ont été renvoyés de l' église de Benzonia pour entrer dans la nouvelle organisation. Ils étaient liés depuis longtemps à l' Église de Benzonia et c'est avec une certaine réticence qu'ils rompirent leurs liens avec l'Église mère. Ils voulaient en quelque sorte conserver un rapport à l'Église qui avait pour eux tant de tendres associations. Ils décidèrent donc que parmi leurs cinq administrateurs, deux seraient choisis dans l'ancienne église centrale. Les deux églises de Grace et Champion Hill emboîteront probablement le pas. Dans ce cas, nous aurons un groupe de quatre églises, organiquement liées, se réunissant pour faire le travail de la plus grande paroisse. Les administrateurs de l'église locale s'occuperont de toutes les affaires ordinaires, mais se sentiront libres de faire appel aux deux autres administrateurs pour les consulter sur des questions d'importance particulière. Les administrateurs de l'Église centrale se sentiront, bien sûr, particulièrement responsables du bien-être de l'Église filiale avec laquelle ils sont liés. Cet arrangement unifiera toutes les activités religieuses de la paroisse et les liera ensemble dans une seule relation organique. Et les Églises qui entreront dans cet arrangement ne renonceront en rien à leur indépendance en tant qu'Églises congrégationalistes. Ils resteront totalement libres de contrôler leurs propres affaires. Il est entendu que la fonction des administrateurs de l'Église centrale est en grande partie consultative. Bien qu'il s'agisse d'une nouveauté dans le congrégationalisme, cela promet de bien fonctionner, et si c'est le cas, ce sera une justification suffisante en soi.

Dix écoles du dimanche sont maintenues au sein de la paroisse, avec un total d'environ six cents membres. La plupart des écoles sont autonomes et sont capables de mener à bien leur propre travail sans aide extérieure, mais certaines sont dirigées par des assistants qui viennent de l'église centrale. Les écoles de Benzonia et d'Eden sont bien notées et dirigées selon les méthodes les plus modernes. L' école Benzonia accueille en moyenne plus de cent cinquante élèves et la musique est dirigée par un grand orchestre. L'école Eden a formé deux classes de professeurs et la troisième, qui compte dix-sept membres, est actuellement en activité. Le ministère de l'Intérieur est maintenu et on parle beaucoup du Cradle Roll. Des congrès relatifs aux écoles des deux cantons limitrophes ont lieu une fois par trimestre et contribuent beaucoup à unir les intérêts des écoles du dimanche dans cette région et à promouvoir le travail d'équipe.

Le corps clérical qui exerce l'œuvre dans toute la paroisse est composé du curé et de ses deux assistants. Le pasteur prêche deux fois le dimanche, dans l'église de Benzonia le matin, et dans la chapelle de Beulah, à un demi-mille de là, le soir. Chacun des assistants prêche trois fois, parcourant douze à vingt milles pour atteindre son rendez-vous. La plus grande paroisse se divise naturellement en trois parties : la paroisse du Nord, avec deux églises et deux stations éloignées, desservies par M. Caldwell ; la paroisse sud, avec une église et cinq stations éloignées, desservie par M. Huck ; et Benzonia et Beulah entre les deux, servis par le pasteur, qui supervise également tout le champ.

Les trois pasteurs se réunissent généralement le lundi, discutent de leur travail, comparent et discutent les sermons, et passent une partie de la journée dans la camaraderie la plus agréable. Ils font de fréquents échanges, prenant le travail de chacun pendant un dimanche, donnant ainsi aux gens un changement et à eux-mêmes une certaine variété d'expériences, et favorisant la connaissance et la camaraderie dans toute la paroisse. C'est une combinaison des plus rentables. Le pasteur plus âgé aide les hommes plus jeunes avec son expérience plus large, et « les garçons » mettent une nouvelle vie et un esprit frais dans le cœur de « l'homme plus âgé ». Deux hommes, s'ils sont sympathiques et peuvent travailler harmonieusement ensemble, valent plus du double de la valeur d'un seul homme. Et trois hommes, unissant leurs forces, augmentent leur efficacité en rapport géométrique. Beaucoup de ministres qui travaillent dans l'isolement et le découragement auraient un cœur et un courage nouveaux pour accomplir leur tâche difficile, s'ils pouvaient être étroitement associés à une ou deux âmes sympathiques et apparentées. C'est l'un des avantages du plan de paroisse plus grande : il rend possible une telle association et combinaison.

À l' automne 1912, le pasteur fut impressionné par l'idée que cette année-là, l'accent devait être mis sur la phase d'évangélisation de l'œuvre. Treize semaines au total furent consacrées à la tenue de services spéciaux en six points différents. Deux ministres des paroisses voisines ont apporté leur aide. Le stéréooptique a été beaucoup utilisé. Dans les stations éloignées, la prédication était assurée par les pasteurs à tour de rôle et il y avait un travail personnel approfondi. De bons résultats sont sortis de ces réunions. Un grand nombre d'entre eux décidèrent de commencer la vie chrétienne. Une soixantaine de nouveaux membres furent reçus dans l' église de Benzonia , et autant dans les autres églises de la paroisse. Tous ceux qui ont été reçus n'ont pas été convertis lors des réunions spéciales. Trente de ceux qui sont venus à l'église d'Eden ont été renvoyés de l' église de Benzonia , et quelques autres sont venus par lettre. L'un des résultats de ces réunions spéciales fut l'organisation de l'église d'Eden. Les cœurs des gens furent rassemblés, l'intérêt religieux s'éveilla sur tout le territoire et l'idée de la plus grande paroisse fut plus généralement acceptée.

Eden est un quartier de campagne situé à trois miles au nord de Benzonia . Les habitants sont des agriculteurs et des producteurs de fruits économes, et une douzaine de familles vivant là-bas étaient liées depuis de nombreuses années à l' église de Benzonia et comptaient parmi ses partisans les plus fidèles. Depuis vingt-cinq ou trente ans, une école du dimanche avait été maintenue dans cette communauté, l'une des meilleures écoles de campagne de l'État. Une société de jeunes et une réunion de prière hebdomadaire étaient également maintenues depuis longtemps. Les réunions spéciales ont eu lieu à l'école au mois de février, au milieu du temps le plus orageux de l'hiver. Mais rien ne pouvait éloigner les gens. Il y a eu un vif intérêt et un certain nombre de conversions positives. On a jugé préférable d'organiser une église. Trente membres ont été renvoyés de l' église de Benzonia pour entrer dans la nouvelle organisation et celle-ci a commencé avec cinquante membres fondateurs. Presque tous les éléments religieux de la communauté se sont réunis dans la nouvelle église et celle-ci a été inaugurée avec beaucoup de joie et d'enthousiasme. Sous la direction efficace du pasteur adjoint, cela a progressé régulièrement, et bien que les réunions tenues se déroulent dans une école très peu pratique et inadaptée à leurs besoins, elles sont aussi dignes et ecclésiales que beaucoup d'autres qui se déroulent dans un environnement plus approprié. Il y a un service complet de lectures, de réponses, de musique bien préparée par une chorale fidèle, et la présence et la puissance de l'Esprit de Dieu se manifestent souvent de manière frappante dans les services. Les services de reconnaissance de l'église d'Eden ont été des plus impressionnants. L'école était pleine à craquer. Près de cinquante se sont réunis et ont conclu des relations d'alliance, un grand nombre recevant le rite du baptême. Le service de communion dirigé par le curé était particulièrement solennel et tendre, et les personnes présentes se souviendront longtemps des influences de cette heure.

Dans un certain nombre de cas, les services ont eu lieu dans des écoles peu pratiques et inadéquates, et dans un cas, le seul endroit où les réunions pouvaient avoir lieu était une maison privée. Un mouvement est en marche pour doter ces lieux de chapelles qui répondront aux besoins de la communauté. L'été dernier, une jolie chapelle a été construite à Platt Lake. Il n'y a pas d'école dans cette communauté. Les enfants sont emmenés en bus à l'école Honor, et il n'y a pas eu de lieu de rendez-vous fixe pendant plus de deux ans, les offices se déroulant tour à tour de maison en maison. Platt Lake est en quelque sorte une station balnéaire et les visiteurs ont apporté une aide substantielle à la construction de la chapelle. C'est un petit bâtiment commode, bien meublé, avec orgue et poêle apportés par l' église de Benzonia . En l'absence d'organisation ecclésiastique sur place, le titre du bâtiment est dévolu à la Conférence de l'État du Michigan, étant entendu que lorsqu'une église est formée, elle sera cédée. Depuis la construction de la chapelle, un nouvel élan a été donné aux travaux à Platt Lake. À ce stade, aucun service religieux régulier n'avait jamais eu lieu jusqu'au début du mouvement de la plus grande paroisse.

LA CHAPELLE DU LAC PLATT

Un lieu de prédication typique dans la grande paroisse

L'église d'Eden prévoyait de construire un nouveau bâtiment au cours de l'été 1914, sous la forme d'une chapelle confortable avec des pièces au sous-sol à des fins sociales. Au début du printemps 1913, les agriculteurs ont mis de côté une certaine partie de leurs terres, dont les produits devaient être donnés pour un fonds de chapelle. Une quinzaine d'agriculteurs ont adhéré à cet arrangement, les enfants élevant également des poules et cultivant des parcelles de jardin dans le même but. Le soir de Thanksgiving de cette année-là, ils organisèrent un service spécial à l'école pour rapporter les retours. Une maquette soignée d'église a été réalisée pour l'occasion et placée sur le bureau, et après un programme intéressant, les gens sont passés devant le bureau et ont déposé dans l'église modèle le produit de leur labeur d'été. Il s'est avéré qu'il contenait plus de deux cent cinquante dollars – un bon point de départ pour le nouveau bâtiment. Bien que les ressources de la communauté soient limitées, ils travaillent tous ensemble avec une telle industrie et un tel enthousiasme qu'il est probable qu'ils disposeront bientôt d'une église agréable et pratique.

A North Crystal, où se trouve une école du dimanche florissante et où les offices ont lieu dans une maison privée, les gens travaillent dur pour construire une petite chapelle. Ici aussi, les résidents qui ont leurs chalets au bord du lac Crystal sont très utiles. En été, les réunions ont lieu sous les arbres et de grandes foules se rassemblent pour entendre l'Évangile et se joindre aux chants. La Ladies' Aid Society travaille dur et des progrès considérables ont été réalisés dans la collecte d'un fonds pour la chapelle. La pauvreté des ressources peut difficilement empêcher la réalisation d'une telle entreprise lorsque tous les peuples s'unissent dans cet effort avec tant de cœur et avec une telle volonté de faire des sacrifices pour le but souhaité. L'église de Benzonia a également construit un agrandissement de son lieu de culte, ajoutant cent séances et de nombreuses salles pour le logement de l'école du dimanche et du travail social. On aurait considéré comme téméraire celui qui aurait prophétisé à l'avance qu'en deux ans, dans cette communauté aux ressources limitées, une somme aussi importante pourrait être collectée dans le but de fournir un logement pour le culte de Dieu et pour le travail communautaire et social.

Si le montant d'argent que les gens sont prêts à donner à des fins religieuses est un indice de leur intérêt pour le Royaume, il faut conclure qu'il y a eu un renouveau très significatif à cet égard dans toute la Grande Paroisse. On voit aujourd'hui plus de moyens pour poursuivre l'œuvre qu'on n'aurait cru possible d'en réunir il y a trois ans.

Les salaires versés au pasteur et à ses deux assistants sont deux fois et demie plus élevés que ceux versés au pasteur seul avant que le travail plus large ne soit entrepris. Cependant, cela n'est rendu possible que grâce à l'aide de la Home Missionary Society. Les contributions aux missions nationales et étrangères ont plus que doublé au cours de cette période, et le nombre de contributeurs a plus que doublé. S'il y avait quelque hésitation à entreprendre des travaux plus vastes en raison de l'obligation financière accrue que cela impliquerait, l'expérience a montré que cela n'était pas nécessaire. Aujourd'hui, plus de deux fois plus d'argent est collecté sur l'ensemble du domaine qu'avant le début des travaux plus vastes, et cela nécessite tout aussi peu d'efforts. Personne ne s'oppose désormais aux travaux pour des raisons financières. Il s'est rentabilisé de toutes les manières.

Cette expérience me porte à croire que dans presque tous les domaines, il existe des ressources suffisantes pour accomplir tout le travail qui doit y être fait, si seulement elles peuvent être atteintes, et je suis également convaincu qu'un programme actif et agressif sera bien plus efficace. plus de succès dans la mise en valeur des ressources qu'un effort timide et conservateur ne pourra jamais l'être.

Afin de promouvoir l'unité et la camaraderie dans toute la paroisse, des réunions occasionnelles destinées à rassembler toutes les personnes sont organisées avec de très bons résultats. Deux ou trois fois par an, tous les services dans les différents points sont omis et les gens se rassemblent sur le magnifique campus au sommet de la colline de Benzonia et passent la journée dans le culte et dans les relations sociales. Les offices ont lieu à l'ombre des grands hêtres et érables qui couronnent le sommet de la colline. Il y a un grand chœur et un orchestre pour diriger la musique, un orateur célèbre de l'étranger prêche le sermon, et la congrégation de quatre ou cinq cents personnes est aussi pieuse et attentive que l'on peut trouver dans n'importe quel bâtiment d'église. A la fin du service, ils se rassemblent en groupes pour manger le déjeuner qu'ils ont apporté, le café étant fourni par les gens de Benzonia , et ils passent deux heures dans de délicieux rapports sociaux, de nombreux vieux amis et voisins se réunissant là qui autrement ne pourraient pas voir les uns les autres depuis des années. Dans l'après-midi, une réunion de plate-forme a lieu avec un certain nombre d'orateurs et, alors que le soleil se couche bas à l'ouest, les gens se dispersent et rentrent tranquillement chez eux, avec une vision plus large, une conscience communautaire plus vive et une appréciation plus complète de la situation. travail de la Grande Paroisse. L'année dernière, nous avons organisé un sabbat « un grand rassemblement d'écoles du dimanche dans la paroisse ». Des affiches annonçant la réunion avaient déjà été distribuées. Les dix écoles de la paroisse se sont rassemblées, organisant le matin un service tel que celui que j'ai décrit, dînant ensemble, et l'après-midi ont eu lieu les services de la Journée des enfants, avec des exercices des différentes écoles et un discours de John E. Gunckel . le célèbre vendeur de journaux de Tolède. Ces rassemblements des grandes paroisses se sont révélés être un élément précieux du travail et sont attendus avec plaisir par toutes les personnes.

Je me demande si un pasteur s'est déjà senti entièrement satisfait des résultats de son travail ? Certainement pas. Je suis loin de mon idéal. En regardant en arrière , je vois suffisamment d'échecs pour me garder humble et suffisamment d'erreurs pour me rendre prudent. Le nombre de ceux qui n'ont pas été atteints est si grand que leur pensée mêle beaucoup de tristesse et de joie pour ceux qui sont entrés dans le Royaume. Je suis reconnaissant pour les résultats qui peuvent être rapportés et je les considère suffisants pour justifier la méthode de la Grande Paroisse. Si la méthode avait été appliquée plus efficacement, il y aurait eu plus à montrer. J'espère que quelqu'un pourra en faire un meilleur usage et que de tels résultats seront évidents, que la méthode des grandes paroisses entrera en vigueur et qu'elle pourra jouer un grand rôle dans la réhabilitation spirituelle et sociale des régions rurales.

II. AMÉLIORATION DE LA COMMUNAUTÉ ET AMÉLIORATION SOCIALE

L'une des convictions à l'origine de la vision qui a conduit au travail de la Grande Paroisse était que l'Église devait s'occuper de l' *homme tout entier* ; que rien de ce qui fait d'un homme un homme épanoui ou qui a une place légitime dans sa vie ne devrait être ignoré par l'Église ; que cela devrait avoir quelque chose à dire et quelque chose à voir avec sa nature sociale aussi bien que sa nature religieuse ; qu'il devrait s'occuper des affaires de la communauté et être un élément de pouvoir édifiant dans la vie communautaire. Suite à cette conviction, il était tout à fait naturel que, lorsque les travaux de la Grande Paroisse étaient entrepris, une attention considérable soit accordée à cette partie de la vie des gens qui est souvent considérée comme se situant en dehors du domaine distinctif de la religion. L'effort a été fait pour aider les gens d'une manière sociale et pour rendre leurs loisirs sains et sains, pour les stimuler et les guider dans leur vie intellectuelle et, par ces objectifs plus larges, pour répondre à tous leurs besoins. Il peut être utile de montrer comment les méthodes utilisées dans le travail de la Grande Paroisse ont contribué à ces fins.

Conscients de la tendance de la vie à la campagne à l'isolement et à l'individualisme extrême et du danger de la voir devenir stérile et monotone, nous avons pensé qu'il était important de pourvoir aux fonctions sociales et littéraires, ainsi qu'à des loisirs et des plaisirs sains. Cela a été jugé souhaitable, non seulement pour les jeunes, mais pour tout le monde, et nous avons cherché à rassembler dans ces activités les vieux et les jeunes, ainsi que les enfants. Nous nous sommes efforcés de faire de tous nos postes éloignés, où se déroulent les services, des centres sociaux et d'encourager des réunions fréquentes de personnes où elles pourraient se mêler d'une manière libre et amicale. La population a répondu à ces efforts et a beaucoup apprécié les opportunités qui lui ont été offertes dans cette direction.

1. Des clubs de quartier ont été formés dans certaines des stations éloignées dont la fonction est de pourvoir à ces nécessités sociales. Le nom « Neighborhood Club » définit assez bien leur objet. Ils doivent servir de centres sociaux. Il y a une constitution et des règlements simples, et les dirigeants habituels. Mais le travail se poursuit sous la direction de trois comités répartis dans trois départements. Il y a d'abord un comité social dont la mission est d'organiser des pique-niques, des fêtes, des rencontres , des excursions, etc. Ensuite, il y a un comité littéraire qui organise des divertissements littéraires, des conférences, des débats, etc. Vient ensuite le comité de travail d'équipe, qui mène tout mouvement dans lequel les gens ont besoin de coopérer , comme aider un voisin malheureux à récolter ses récoltes, planter des arbres au bord de la route, labourer les routes en hiver ou réparer un mauvais état. place sur l'autoroute. Souvent, de nombreux actes de bonté sont omis et de nombreuses choses souhaitables pour une communauté sont laissées de côté, non pas parce que les gens sont égoïstes ou manquent d'esprit public, mais par manque de direction. Il n'y a personne pour diriger de telles choses, et c'est pourquoi elles sont négligées.

Il n'y a pas si longtemps, l'un des clubs du quartier a passé la journée à aider à construire une grange, à dîner ensemble et à passer un moment convivial. L'un des clubs offrait un prix pour la destruction des rats, en distribuant des affiches qui constituaient une curiosité. De temps en temps, diverses questions d'intérêt local sont abordées et discutées par le club, et un talent considérable pour le débat s'est développé dans des endroits inattendus. Parfois, les différents clubs du quartier se réunissent pour une journée de sport et de loisirs. Ils organisent dans la matinée des jeux et des concours, puis un dîner pique-nique, suivi d'un programme de musique et d'adresses. Ces rassemblements favorisent le bon voisinage et offrent aux agriculteurs, à leurs femmes et à leurs enfants, une petite pause dans la monotonie de leur vie laborieuse.

Le premier hiver, un cours magistral était organisé, composé de cinq ou six numéros, principalement par des talents locaux. Toutes ces conférences ont été données devant les différents clubs. Le curé a raconté son voyage en Terre Sainte. Le directeur de l'Académie a parlé de « La ferme et l'école ». Un médecin d'une ville voisine a parlé de « l'assainissement des fermes » et un horticulteur expert de « de meilleurs vergers ». Un profane a parlé de « quelques principes juridiques qui devraient être généralement connus ». Ces conférences suscitèrent beaucoup d'intérêt et les gens étaient nombreux à les écouter. L'hiver suivant, les clubs organisèrent leurs propres programmes et menèrent une campagne animée et intéressante. L'un des clubs a organisé une série de soirées à thème spécial. Une soirée était consacrée aux « Pèlerins », avec un programme varié et intéressant. Un autre à « Abraham Lincoln », un autre à « Michigan », avec un programme rempli d'informations, historiques, statistiques et autres, sur l'état dont faisait partie la communauté. L'un des clubs a organisé et maintenu une école de chant à l'ancienne sous la direction d'un instructeur du village, qui a connu un certain succès. Ces clubs de quartier se sont révélés très populaires et très précieux, et il semblerait qu'ils soient bien adaptés à presque toutes les communautés rurales, remplaçant les anciens lycées et sociétés littéraires d'une ancienne génération qui ont tant fait pour aiguiser l'esprit. , informer les esprits et accroître la convivialité de ceux qui nous ont précédés.

2. Dans certains quartiers où l'on n'a pas encore pensé qu'il était préférable d'organiser des clubs, une certaine attention a été accordée à cet aspect de la vie et des dispositions ont été prises pour des divertissements sociaux. Pendant la semaine de Thanksgiving, des festivals ont eu lieu dans trois endroits différents et ont été très réussis et rentables. La description de l'un d'eux sera typique. Trois communautés, East Joyfield , Demerley et South Chapel, se sont unies pour organiser un festival à l' hôtel de ville de Joyfield le jour de Thanksgiving. Des préparatifs minutieux avaient été faits. Divers comités ont été nommés, les enseignants des quatre districts scolaires inclus dans ce territoire ont formé les enfants, un programme de jeux, de sports et de concours a été organisé et tout le monde a pris beaucoup d'intérêt à se préparer pour l'événement. À trois heures, un service religieux a eu lieu dans la salle et le pasteur a prêché un sermon d'action de grâce devant une congrégation nombreuse et attentive.

Pendant que les dames préparaient le souper, le programme des sports, dont une partie avait été préalablement donnée dans une grande grange voisine , se terminait sur la pelouse. Diverses courses ont été organisées et des cascades de différentes sortes ont été réalisées, y compris des combats de tir à la corde et de lutte, qui ont pris du temps jusqu'à l'appel du dîner. Deux longues tables s'étendant sur toute la longueur de la salle étaient remplies deux fois, pas moins de cent cinquante personnes assises pour un somptueux festin. Lorsque tous eurent satisfait les besoins de « l'homme intérieur », il resta suffisamment de provisions pour nourrir une autre foule presque aussi nombreuse, tant les gens de la campagne sont prodigues dans leur hospitalité.

Dès que les tables furent débarrassées et que les gens purent s'asseoir, la soirée commença. La salle était pleine à craquer, les gens étaient entassés comme des sardines dans une boîte, et certains ne pouvaient pas trouver l'entrée, mais la plus grande bonté prévalait, et ils s'asseyaient, non pas patiemment, mais avec plaisir, tout au long d'un programme de récitations, dialogues, chansons et exercices similaires donnés par les enfants pendant deux heures complètes. Puis vint la distribution des prix aux gagnants des jeux, et la foule joyeuse se dispersa, se sentant plus bienveillante les uns envers les autres et réalisant plus pleinement la joie du bon voisinage parce qu'ils s'étaient réunis pour leur fête de Thanksgiving. Des festivals similaires ont eu lieu à Grace la veille et à Liberty Union le lendemain. Ils ont tous été conçus et réalisés par M. Huck, le pasteur adjoint, venu tout juste d'Angleterre, prouvant ainsi son efficacité et sa capacité d'adaptation.

3. Un samedi enneigé, les hommes d'East Joyfield , sous la direction du pasteur adjoint, ont organisé une « chasse au lapin communautaire ». Ils se réunissaient avec leurs fusils et allaient par deux dans des directions différentes, parcourant les bois et les champs à la recherche de gibier. Ils ont connu un succès mesurable et un tas de quarante-cinq « queues de coton » ont récompensé leurs efforts. Ils étaient répartis entre quinze familles, qui devaient les préparer avec d'autres bonnes choses pour une « Rabbit Social » le mardi soir suivant à la chapelle. Même si la nuit était orageuse, la chapelle était bien remplie, il y avait un beau programme de musique et de jeux, puis un festin de tarte au lapin appétissant et copieux. Ainsi, les « queues de coton » servaient mieux à la communauté en étant mangées elles-mêmes que si on les avait laissées manger l'écorce des jeunes arbres fruitiers des fermes environnantes.

4. Étant donné que l'athlétisme occupe aujourd'hui une si grande place dans l'esprit des jeunes, il a été jugé utile de faire quelque chose dans ce domaine. L'un des pasteurs adjoints ayant reçu une certaine formation à l'école organisait des clubs d'athlétisme parmi les garçons et les jeunes hommes dans six ou sept quartiers différents. Ces clubs se réunissaient de temps en temps pour s'entraîner . Ils ont été regroupés en une ligue sportive pour toute la paroisse et ont parfois organisé des journées sur le terrain. Ils se réunissaient sur le campus de l'Académie de Benzonia et passaient la journée à des sports, des jeux et des concours au cours desquels un programme d'événements préalablement préparé se déroulait. Il y avait des compétitions juniors pour les garçons et les filles participaient également aux dernières journées sportives. De temps en temps, ils organisent un banquet avec des toasts et une opportunité de relations sociales. Ces clubs sportifs ont non seulement fait beaucoup pour encourager des sports propres et sains, mais ils ont également donné au pasteur adjoint une grande influence sur les jeunes, et la plupart d'entre eux sont remarquablement réguliers dans leur assistance aux services qu'il dirige le jour du sabbat.

Des sociétés d'aide aux dames sont organisées dans les différents quartiers et rassemblent de manière sociale non seulement les dames, mais aussi les hommes pendant la saison d'hiver, qui trouvent alors le temps de profiter du bon dîner que les dames offrent et de passer une partie de la journée dans les rapports sociaux. Ces sociétés de secours sont prêtes à s'emparer de manière utile de toute entreprise qui est pour le bien de la communauté, et toute entreprise à laquelle elles se consacrent est vouée à disparaître.

5. Une autre façon de travailler s'est révélée précieuse et en vaut la peine . Comme presque toutes les petites villes, nous avons un journal hebdomadaire qui se retrouve dans la plupart des foyers de la paroisse. Le pasteur et l'éditeur travaillent ensemble dans l'effort d'en faire un organe de puissance utile dans la vie communautaire. Depuis trois ans, je publie chaque semaine une chronique — généralement une chronique et demie — dans ce journal. C'est mon travail habituel du lundi matin d'écrire cette chronique. J'y mets tout ce que je pense être utile aux gens, leur apportant de nombreux messages qui ne seraient guère appropriés en chaire, et atteignant ainsi beaucoup de personnes avec lesquelles je n'entrerais pas souvent en contact autrement. Les thèmes sont variés, quelques-uns peuvent servir de spécimens. « Comment garder sa religion et la faire payer », « L'arrière-cour », « L'épreuve de l'été », « L'homme que vous rencontrez », « L'utilité du cri », « Les cloches du mariage et les funérailles Knells », « Dr. Charles M. Sheldon et ses idées d'un homme instruit », « Soyez un Colomb », « La joie de vivre ». Tout sujet local d'intérêt général est abordé et discuté, et les activités de l'Église et les actions sociales et littéraires des différentes stations sont présentées au peuple. Ainsi, ils sont constamment informés que quelque chose qui en vaut la peine se passe dans toute la paroisse, et j'ai l'occasion de faire valoir mes idées devant toute la paroisse. Je considère cela comme l'une de mes méthodes de travail les plus précieuses, et je trouve que la Chronique du Pasteur est recherchée avec impatience et largement lue.

Cela soulève la question de savoir si, dans le passé, les pasteurs de nos églises ont suffisamment apprécié la valeur de l'encre d'imprimerie en tant que complément à l'exercice du travail religieux et communautaire. Si le pasteur peut s'exprimer aussi bien par la presse que par la chaire, il double son influence.

6. La Benzonia Christian Endeavour Society a acheté un stéréoscope pour l'utiliser dans la grande paroisse. Elle était équipée d'appareils électriques pour les villages, et d'éclairage à acétylène pour les écoles et les campagnes où il n'y avait pas de courant électrique. Il pouvait être facilement transporté d' un endroit à l'autre et devenait un instrument très pratique et utile dans le travail. Des diapositives sur divers sujets ont été facilement obtenues et l'effet des conférences et des exposés a été considérablement accru. Les gens d'aujourd'hui veulent voir les choses aussi bien qu'en entendre parler, et la vue aide l'ouïe. Ils ne se lassent jamais de regarder de belles photos. Il est devenu facile, grâce à la lanterne, d'offrir une soirée divertissante intéressante et rentable, et les gens ont montré leur appréciation par leur présence en grand nombre et leur attention particulière. « Le canal de Panama » a ainsi été présenté et illustré, ainsi que « L'autre sage ». Certaines conférences du pasteur – « À cheval à travers la Terre Sainte », « Une semaine à Jérusalem et ses environs », « Trois mois sur un bateau à vapeur » – ont été rendues plus

vivantes et attrayantes par des vues de photographies prises lors d'un voyage à l'étranger. À bien des égards, le stéréoptique s'est révélé une acquisition précieuse, et surtout dans une paroisse de campagne, il peut être utilisé avec beaucoup de profit et de satisfaction.

7. Dans une campagne d'option locale, l'influence de la Grande Paroisse s'est fait sentir de manière efficace pour le bannissement du saloon. Des débats ont été organisés sur la question dans les clubs de quartier.

Les pasteurs ont prêché sur le sujet et prononcé des discours lors des réunions tenues dans tout le comté. L'un des pasteurs adjoints a rendu de précieux services au Comité central. Dans tous ces mouvements qui ont pour objectif la purification de la communauté et l'établissement de la justice, les forces actives dans la Grande Paroisse sont alignées sur le côté droit, prêtes à coopérer et rapidement disponibles pour le travail pratique.

Une prospection de tous les membres pour les missions nationales et étrangères est effectuée dans toute la paroisse. Chaque année, une lettre est préparée, donnant brièvement l'état d'avancement des travaux de l'année écoulée et exposant leur état actuel. Ces lettres sont envoyées par courrier à presque toutes les familles de la paroisse, avec de petites enveloppes de collecte pour les différents membres de la maisonnée, en leur demandant d'apporter les offrandes dans leurs lieux de culte habituels. Les enfants comme les personnes âgées sont encouragés à apporter leurs offrandes, et nous avons trouvé que c'était un moyen efficace de cultiver en eux l'esprit de bienveillance. Il y a beaucoup à gagner à leur faire sentir qu'ils participent au travail.

VI
CHOSES ENCORE A FAIRE

LEUR nom est légion. Tout est à faire. Seul un début a été fait. Rien n'est fini. Ce qui a été accompli n'est qu'une prophétie du travail plus vaste et plus complet qui nous attend dans le futur. Le travail religieux et communautaire n'est pas mécanique. Vous ne pouvez pas le terminer et le ranger comme le menuisier termine une boîte ou la ménagère un vêtement. La vie est un développement, une croissance, et ceux qui s'occupent de la vie doivent toujours se contenter des débuts. "Rien de ce qui a de la vie n'est jamais terminé." La vie dans son déploiement plus vaste et dans sa signification plus complète doit toujours se situer dans le futur. Une vie terminée et complète ferait mieux de se terminer, et une communauté qui a atteint la perfection devrait être transférée dans une autre sphère. Nous devons toujours nous contenter de consacrer notre travail aux commencements, reconnaissants des fruits qui peuvent apparaître de temps en temps. Le véritable rassemblement doit toujours avoir lieu dans le futur. Ce qui a été accompli dans la plus grande paroisse nous donne confiance dans les méthodes employées et nous encourage à espérer de plus grandes choses grâce à une application meilleure et plus complète de ces méthodes et de méthodes similaires dans les jours à venir.

Il serait peut-être bon de mentionner certaines des choses qui n'ont pas encore été entièrement réalisées, mais que nous espérons voir accomplies dans la Grande Paroisse à l'avenir.

1. Le but premier et le plus important de cette œuvre, et de toute œuvre de l'Église, est d'amener les gens dans le royaume de Dieu. Tout travail social et communautaire doit y être subordonné et y conduire. L'Église doit être quelque chose de plus qu'un établissement social. Je m'en tiens toujours à l'idée démodée selon laquelle les hommes ont besoin d'être sauvés et que le seul salut qu'ils peuvent trouver se trouve dans la fidélité à Jésus-Christ. Bien que ce salut soit une question d'esprit, affectant la position de chacun auprès de Dieu et sa relation avec les grandes réalités éternelles, il affecte également sa position auprès des hommes et sa relation avec la société. Et c'est là qu'intervient tout le travail humanitaire et communautaire qui constitue une part légitime et importante des préoccupations de l'Église. Le travail communautaire ne peut jamais remplacer l'œuvre de l'Esprit de Dieu dans la vie individuelle. Pour avoir une valeur permanente, il doit être le *résultat* de ce travail. Le royaume de Dieu embrasse l'idéal complet, et si nous pouvons inciter les hommes à vivre selon les principes de ce royaume, une attention particulière sera accordée à tout le travail qui doit être fait pour la communauté. Par conséquent, le travail de la grande paroisse est avant tout, mais pas exclusivement, évangélique. Nous essayons d'amener les hommes à

devenir chrétiens, non pas dans un sens étroit, mais dans le sens large et riche de ce mot que lui donne l'enseignement de Jésus.

Au cours des trois années que nous examinons, de tels résultats ont été obtenus. Un bon nombre ont décidé de commencer la vie chrétienne et ont pris place dans les rangs des disciples de Jésus-Christ. Nous sommes reconnaissants que l'armée du Seigneur ait reçu autant de nouvelles recrues. Mais il y en a beaucoup d'autres qui ne souhaitent pas encore s'enrôler. Le nombre de ceux qui sont encore en dehors des rangs est plus grand que celui de ceux qui marchent sous la bannière de l'Église visible. Il reste beaucoup à faire dans ce sens. L'œuvre est loin d'être achevée dans son aspect le plus vital et le plus important. Nous n'avons fait qu'un début. Cela ne sera pas terminé tant que chaque personne dans toute la grande paroisse ne sera pas ouvertement et positivement rangée du côté du Christ. Au rythme actuel des progrès , il semble que l'Église ait une tâche à accomplir pour une longue période encore. Il ne risque pas de manquer prochainement de matériel. Il y a encore un grand travail à accomplir pour amener les hommes dans le royaume de Dieu. Nous espérons garder cela toujours à l'esprit – pour en faire notre objectif central et notre pensée primordiale.

2. Il faut créer dans le cœur des gens plus de respect pour l'Église, une meilleure compréhension de sa mission et une plus grande appréciation de son œuvre. Beaucoup de gens ont des idées erronées sur l'Église et ne parviennent donc pas à apprécier son œuvre ou son objectif. Certains le considèrent simplement comme une institution vénérable qui a depuis longtemps sa place dans la société humaine. Dans le passé, il a fait un travail important et a encore sa valeur. Il doit être honoré pour son bilan et toujours encouragé de manière douce et condescendante. Ils ne banniraient pas l'Église ; ils ne sont pas encore tout à fait prêts à entreprendre de diriger la société humaine sans elle. Ils le tolèrent et le soutiennent peut-être sans enthousiasme, mais ils ne le considèrent pas comme absolument essentiel ni son travail comme d'une importance vitale. Ils ne comprennent pas l'Église. L'Église peut en être, dans une certaine mesure, responsable. Il ne s'est pas toujours compris. Sa conception de sa propre mission était petite, étroite et inadéquate, et il était inévitable qu'aucune impression plus vraie ou plus grande ne puisse être produite sur la communauté. Lorsque l'Église entreprendra de faire tout ce dont elle est responsable et la poursuivra avec la vigueur et le sérieux qu'elle mérite, les gens commenceront à mieux la comprendre et à apprécier plus pleinement sa mission.

Beaucoup de gens considèrent l'Église comme une institution à soutenir. Dans la pensée commune, cette institution, pour une raison qui n'apparaît pas toujours, s'est arrogé le droit de rendre hommage à la communauté pour son soutien. Certains acceptent cette idée traditionnelle sans trop y réfléchir, tandis que d'autres s'y révoltent. L'un des pasteurs adjoints se rendait dans une maison pour la première fois. Le maître de maison, lorsqu'on le présenta, dit : « Oh, un autre prédicateur ! Eh bien, je suppose qu'ils doivent tous être soutenus. Et il n'est pas le premier représentant de l'Église à subir une telle indignité.

Ici encore, l'Église peut être au moins en partie responsable. Il a trop souvent considéré que sa fonction consistait à s'attaquer à la communauté tout en priant pour elle. On n'a pas toujours pris soin de donner la valeur reçue.

Notre objectif est de faire de l'Église une nécessité dans la communauté. Ses bonnes œuvres, son efficacité en tant qu'élément de pouvoir dans tout ce qui est destiné à l'amélioration et à l'élévation du peuple, devraient être si grandes et si évidentes que personne ne puisse raisonnablement les remettre en question. C'est une des choses qu'il faut faire et que nous espérons réaliser par la méthode de la Grande Paroisse. Nous proposons que l'Église ait un tel esprit de serviabilité, qu'elle soit si sage et pratique dans l'élaboration de son œuvre, si énergique et agressive dans sa poursuite, que tous la reconnaissent comme une force puissante et très bénie - une institution qu'ils soutiennent volontiers en raison de sa valeur pratique. Certains progrès ont été réalisés dans cette direction. L'Église a énormément gagné en respect du peuple depuis qu'elle a commencé le travail de la Grande Paroisse. Les gens peuvent voir que cela fait vraiment quelque chose.

3. Il faut créer un esprit communautaire plus fort et plus universel. La tendance du pays à l'isolement et à l'indépendance est particulièrement forte. Chaque agriculteur est distinct des autres. Il vit seul, un peu comme un baron dans son château des temps féodaux anciens, suffisant pour lui-même, sans trop avoir besoin d'emprunter ni penser à prêter. Vivant dans de telles conditions, il est tout à fait naturel qu'il devienne égoïste et qu'il en vienne à penser largement, sinon exclusivement, à ses propres intérêts individuels. Il risque de négliger le fait que la société est un organisme et qu'il en fait partie ; qu'il a des devoirs et des obligations envers le grand public ; que sa vie ne peut être complète si elle est vécue seul ; qu'il doit quelque chose à la communauté dans son ensemble, et qu'il doit en tirer quelque chose s'il veut vraiment être un homme, faire un travail d'homme et occuper la place d'un homme. Il doit comprendre que le bien public signifie un avantage privé et que lorsqu'il se coupe des autres et ne pense qu'à ses propres intérêts individuels , il suit une politique insensée et suicidaire.

L'ÉGLISE DE BENZONIE

Cet esprit communautaire doit être soigneusement cultivé, et ce travail est en cours dans la grande paroisse. L'esprit communautaire s'est développé. Les gens s'intéressent plus les uns aux autres et aux choses entreprises pour le bien public qu'ils ne l'étaient auparavant. Mais il reste encore beaucoup à faire à cet égard. Tous les gens ne sont pas encore capables de regarder au-delà des limites étroites de leurs propres possessions et de percevoir les besoins de leurs voisins. Tous ne comprennent pas l'idée de la solidarité de la société. Mais cet esprit grandit et il portera des fruits plus importants dans les jours à venir.

4. Il faut davantage de travail d'équipe parmi la population, davantage de coopération dans la mise en œuvre des projets destinés au bien public. Lorsque tout le monde s'unit, il n'y a presque rien à faire qui ne puisse être accompli. Un individu seul est relativement impuissant, mais un mouvement commun au sein de toute communauté est voué à réussir. L'un des principaux services rendus à toute communauté est d'unir ses forces et d'amener les gens à travailler ensemble de bon cœur et avec enthousiasme pour une bonne cause.

Le travail de la Grande Paroisse a été utile dans ce sens. Les comités de travail en équipe des clubs de quartier ont pour objectif de mener à bien tout ce dans lequel il est souhaitable que les gens agissent ensemble. Il est plus facile aujourd'hui d'amener les citoyens à unir leurs efforts qu'il y a trois ans, mais il reste encore beaucoup à faire. L'objectif n'est pas encore atteint. Le travail d'équipe efficace auquel nous avons assisté est une prophétie de cette coopération plus complète dans toutes les bonnes choses que nous espérons et attendons de voir dans les jours à venir.

5. D'une manière ou d'une autre, il faudrait apporter plus de variété à la vie des ruraux. La vie à la ferme devrait devenir l'un des domaines d'activité les plus attractifs et les plus intéressants. Sa liberté, son indépendance, son contact étroit avec la nature devraient lui conférer aux multitudes un charme irrésistible. Il semblerait qu'un fort courant d'intérêt humain puisse s'écouler des conditions de surpeuplement et malsaines de la ville vers la campagne, où les brises fraîches jouent et les fleurs s'épanouissent. Ce n'est pas le cas actuellement. Le ruisseau coule dans la direction opposée et chaque année la ville engloutit une grande partie du meilleur sang du pays. C'est la ville qui attire et la campagne qui repousse. Cela s'explique en grande partie par le caractère isolé et monotone de la vie à la campagne.

La seule façon de freiner ou d'inverser ce mouvement est de donner plus de variété à la vie rurale ; briser sa monotonie et y introduire les plaisirs et les emplois intellectuels et sociaux qui sont une partie nécessaire d'une vie saine et heureuse. Les jeunes ont soif de variété, ils doivent se réunir, ils doivent avoir une sorte de divertissement, une forme de récréation. S'ils ne peuvent pas le trouver à la ferme, ils se rendent en ville où il est fourni en abondance mais souvent sous des formes répréhensibles.

La plus grande paroisse a fait l'objet de travaux pour subvenir à ce besoin de la vie à la campagne. Il a fourni et favorisé de fréquentes occasions permettant aux gens de se réunir socialement. Les services dominicaux établis dans de nombreux endroits ont non seulement servi d'occasions de culte, mais aussi de relations de voisinage et d'échange de salutations amicales. Les clubs de quartier ont été une sorte de centre d'échange social et littéraire pour la communauté, offrant à de nombreuses soirées agréables et fructueuses et fournissant quelque chose de sain à penser et à planifier pendant la journée. Les sociétés d'aide aux femmes ont rassemblé les femmes autour de projets et de réalisations d'intérêt commun, soulageant les semaines de labeur monotone grâce à des formes de camaraderie coopérative . Il reste encore beaucoup à faire pour susciter de l'intérêt et de l'attrait pour la vie à la campagne, et c'est une chose à laquelle l'Église, dans son désir de servir l'homme tout entier, peut très bien y consacrer sa réflexion et ses efforts.

6. Les machines semblent être une nécessité dans tous les types de travaux. Rien ne peut se faire sans une méthode, une organisation, une machine – une sorte d'instrument pour faciliter le processus. Mais la machine n'est jamais à proprement parler une fin en soi. Parfois, c'est une fin, mais aucun agriculteur ne peut se contenter d'une moissonneuse qui ne coupe pas le grain, aussi beau et bien fait soit-il ou aussi fluide qu'il puisse fonctionner. Certaines

Églises semblent néanmoins satisfaites du bon fonctionnement de l'appareil, même si les résultats sont très maigres.

L'objet principal du travail de la Grande Paroisse est d'aider les gens et de les servir d'une manière religieuse et sociale, et non de promouvoir une confession, de construire une église, de perfectionner une organisation, ou de construire ou de faire fonctionner des machines. de toute nature. Mais pour aider les gens et servir efficacement leurs meilleurs intérêts, il faut un certain mécanisme, une certaine organisation. Notre idée est de le fournir lorsque la nécessité se présente, mais pas avant. Lorsqu'on en a besoin, il faut l'inventer ou le découvrir, ou le mettre en service d'une manière ou d'une autre. Certaines méthodes ont été introduites. Certaines formes d'organisation ont été mises en œuvre, certains mécanismes ont été mis en fonctionnement. Certaines choses que nous avons essayées n'ont pas fonctionné de manière satisfaisante et ont dû être abandonnées. Certaines des méthodes qui semblent efficaces à l'heure actuelle ne continueront peut-être pas toujours à fonctionner aussi bien et devront être remplacées par d'autres. Nous devons toujours garder à l'esprit l'objectif premier pour lequel nous travaillons – servir le peuple et élever la vie communautaire – et à cet objectif nous devons adapter nos méthodes et ajuster nos machines.

Si nous accomplissons le travail qui doit être accompli dans les prochains jours , nous aurons besoin d'un objectif vrai et inébranlable, d'un œil clair pour discerner la situation, d'un jugement calme et correct pour adapter la méthode au travail et, par-dessus tout, d'une constante conduite du Saint-Esprit. La Grande Paroisse n'est pas une méthode, ou une organisation, ou une machine, qu'on peut sécuriser et mettre en œuvre et ensuite le travail est fait. C'est une vision – un idéal – qui doit être une réalité vivante dans l'âme, et qui doit ensuite se concrétiser dans la vie réelle de la meilleure façon possible.

VII
QUELQUES CONCLUSIONS RÉSULTANTES

CETTE histoire a commencé avec « Quelques convictions ». Il se termine par « Quelques conclusions ». On a tenté de raconter comment une vision est devenue réalité. La vision est née de convictions. Les conclusions sont issues de la réalisation de la vision.

Il y a quelques choses qui peuvent être affirmées avec confiance comme résultat de trois années de travail pour traduire la vision dans les faits de la plus grande paroisse. L'évocation de certains d'entre eux complètera l'histoire.

1. L'église du village, pour pouvoir accomplir son travail propre, doit appartenir au peuple et être en contact étroit avec lui. Il doit servir d'une manière ou d'une autre tout le peuple et être une force dans la vie de tous. Les églises, tout comme les individus, sont connues pour avoir certaines caractéristiques, pour posséder certains tempéraments. Certains sont aristocratiques et exclusifs. Ils rassemblent autour d'eux un certain nombre de familles triées sur le volet, partageant des goûts communs et étant sympathiques les unes avec les autres. Ils passent de bons moments ensemble et, au sein de ce cercle étroit, règne une vie sociale délicieuse. Ces quelques personnes sont bien formées et bien informées des faits et des principes de la religion tels qu'ils les comprennent. Mais ils ne semblent pas comprendre l'idée que l'Église est pour tout le monde ; que tel que Jésus l'a conçu, il est essentiellement démocratique. Ils n'ont aucun sentiment d'obligation envers la communauté dans son ensemble et ne font aucun effort pour l'influencer dans son ensemble et l'élever à un niveau supérieur.

L'église du village qui fera son travail doit être démocratique et avoir une conscience communautaire. Il doit appartenir au peuple, être en contact étroit avec celui de chaque classe.

2. L'église du village, si elle veut faire son travail approprié, doit reconnaître son obligation de répondre d'une manière ou d'une autre aux besoins religieux et sociaux de la population des districts ruraux éloignés. Le village ne doit pas être sa paroisse, mais plutôt sa base d'opérations, à partir de laquelle il s'étend vers tout le vaste territoire qui s'étend au-delà.

3. L'Église qui a cette vision, qui reconnaît cette obligation et cherche à s'en acquitter, trouvera un moyen de le faire. Le travail dans les villes et villages est souvent long et difficile. De nombreuses églises n'ont pas réussi à atteindre tous les gens au son de leur cloche, et il y a beaucoup de travail à leurs portes qu'elles n'ont pas encore accompli. Vont-ils étendre et étendre leur paroisse par trois, et multiplier leurs devoirs et obligations plusieurs fois

? S'ils ne font pas tout ce qui devrait être fait dans leur petite paroisse, doivent-ils en élargir les limites et assumer de plus grandes obligations ? Oui. C'est ce pour quoi de nombreuses églises languissent : un travail plus important, quelque chose qui en vaut la peine ; quelque chose qui mettra au défi tous leurs pouvoirs et éveillera en enthousiasme leurs énergies endormies.

4. La seule église de village qui continuera à demeurer en force et en vigueur dans les années à venir sera l'église qui s'appuie sur un travail de pays fort et vigoureux. Cela doit être fait comme un moyen d'auto-préservation. Les églises de village risquent autant de perdre la vie que les églises de campagne. L'Église qui confine ses efforts dans les limites du village est sûre de languir et de dépérir et, au bout d'un certain temps, elle rendra l'âme, comme elle devrait le faire. De même que la ville est alimentée par les villes et les villages, de même les villes et les villages sont alimentés par la campagne. Si le travail diminue dans les villes et les villages, cela se fera sentir dans la ville, et s'il perd son emprise dans les campagnes, il perdra bientôt son emprise sur les villages et les villes. Le pays a besoin du travail de la Grande Paroisse, et il périra sans elle. Mais l'église du village doit faire encore plus de travail, et si elle ne l'entreprend pas avec vigueur, elle est condamnée.

5. Lorsque les Églises s'intéresseront davantage à la promotion du Royaume qu'à la promotion de leur propre dénomination particulière, elles commenceront à connaître cette prospérité que seuls peuvent avoir ceux qui font réellement l'œuvre du Seigneur. Le principal obstacle au travail des Églises est souvent les Églises elles-mêmes. L'un des plus grands besoins des villages et des régions rurales est celui du nombre réduit d'églises.

Si dans chaque petit village il y avait une seule église dans laquelle tous les chrétiens de la communauté pourraient s'unir, ils pourraient facilement organiser l'œuvre dans tout le pays environnant et la mener à bien. Mais là où il y a plusieurs églises , elles se gênent les unes les autres et empêchent de fait tout travail généralisé et efficace. Pourtant, même dans cette situation malheureuse, quelque chose peut être fait de manière systématique pour aider les régions rurales. Pourquoi les représentants des différentes Églises ne peuvent-ils pas se réunir, faire un tour d'horizon uni du pays sur des kilomètres dans toutes les directions, se familiariser pleinement avec la situation et les conditions, et voir clairement ce qui doit être fait, partager le territoire entre eux, en donnant à chaque église son domaine particulier, et lui permettant d'organiser sa culture à sa manière ? Je crois qu'un tel arrangement est réalisable lorsque c'est le Royaume que les églises souhaitent principalement promouvoir, plutôt que la dénomination particulière à laquelle elles appartiennent.

6. Lorsque toutes les forces religieuses d'une communauté pourront s'unir et travailler ensemble, tout le travail qui doit être fait dans la communauté pourra être accompli, et les ressources ne manqueront pas pour le mener à bien avec vigueur et succès. Dans presque toutes les communautés, il y a suffisamment de chrétiens et assez d'argent pour le travail, pourvu seulement qu'ils puissent être rassemblés et utilisés. Mais lorsqu'ils sont dispersés, perdus et désassemblés, ou lorsqu'ils sont organisés en camps concurrents, ils sont inutiles à tout travail agressif et efficace. Ce n'est pas la pauvreté des gens qui fait obstacle, ni le petit nombre de chrétiens déclarés. C'est le manque de travail d'équipe, le manque de coopération , qui constitue la faiblesse de la cause. Aucun travail efficace ne peut être réalisé dans le pays sans cette coopération et cette combinaison. Avec lui, tout le travail qui doit être fait peut être effectué.

7. L'Église qui voit la vision et qui, avec foi et courage, entreprend d'en faire une réalité, prospérera. Peut-être l'expérience de l' Église de Benzonia peut-elle en être citée comme preuve. Située dans un petit village composé de gens aux moyens modestes, dans un pays qui n'est même pas encore sorti de la condition pionnière, elle n'a mené pendant de nombreuses années son œuvre qu'au prix de beaucoup de sacrifices et d'une économie prudente. Il y a trois ans, à l'unanimité, il a adopté formellement la politique d'étendre et d'annexer tout le territoire dans un rayon de cinq milles dans toutes les directions, augmentant ainsi considérablement ses obligations et doublant ainsi son budget annuel de dépenses. Il y a eu quelques interrogations quant à la manière dont cela pourrait être réalisé, mais, sans attendre une lumière plus claire, on a avancé à l'unanimité vers le travail élargi.

Quel est le résultat de ces trois années ? Ce furent les trois années les plus prospères de l'histoire de l'Église. Deux hommes ont été ajoutés aux forces cléricales. Les dépenses de l'église ont été couvertes et les factures ont été payées à leur échéance. Les contributions aux missions nationales et étrangères ont plus que doublé. Plus de membres ont été reçus qu'au cours de toute autre période similaire. Il y a eu une harmonie parfaite et les gens ont été heureux et heureux dans leur travail commun. Dix lieux de culte ont été créés dans le pays où se déroulent régulièrement des services religieux. Les habitants de ces quartiers assistent à leurs propres offices et ne viennent pas à l'église du village comme certains d'entre eux le faisaient autrefois. L'arrangement actuel ne tend pas à créer une grande congrégation centrale, mais a plutôt l'effet inverse. Trente anciens membres centraux ont rejoint une église nouvellement formée à cinq kilomètres de là. Il n'y a pas eu de grande augmentation de la population, ni du village ni de la campagne environnante. Mais les congrégations et les écoles du dimanche n'ont jamais été aussi nombreuses qu'à cette époque. Il s'est avéré impossible d'accueillir tous ceux qui souhaitaient adorer à l'église, ni de prendre soin correctement de ceux qui fréquentent l'école du dimanche. Un bâtiment plus grand devint une réelle nécessité et, à l'été 1913, un agrandissement fut réalisé, augmentant d'un tiers la capacité d'accueil du bâtiment et fournissant un certain nombre de salles pour l'école du dimanche et à des fins sociales. Pouvons-nous douter que la bénédiction de Dieu accompagne toute église qui voit la vision et qui, avec foi, courage et sacrifice, se consacre à l'œuvre pour en faire une réalité ?

8. Lorsque tous les ministres et toutes les églises saisiront la vision de la Grande Paroisse et s'efforceront de la réaliser, les régions rurales seront réhabilitées religieusement, moralement et socialement et une splendide impulsion sera donnée. au travail dans tout le pays. Si les églises de village pouvaient adopter un plan pratique pour le travail de vulgarisation, tout l'aspect de la situation du pays pourrait être rapidement modifié. Les gens, tant dans les villages qu'en rase campagne, sont plus disposés à un tel mouvement qu'on ne le suppose. L'idée d'une plus grande paroisse telle qu'exposée dans cette histoire ne fournirait-elle pas un bon plan de travail pour un tel mouvement ?

Aucun homme ne peut avoir beaucoup d'enthousiasme dans une tâche qui ne met pas tous ses pouvoirs au défi et ne les met pas en action – une église non plus. Avec les églises de village, il s'agit d'une affaire d'auto-préservation ainsi que de service d'évangélisation. Ils doivent faire ce travail ou mourir. Ils ne survivront pas longtemps au déclin spirituel du pays. Le pays et le village tiennent ou tombent ensemble. Leurs fortunes sont unies. Ils doivent s'entraider pour accéder à une vie meilleure, sinon ils sombreront dans une stagnation et une mort économiques, sociales et spirituelles similaires. Le plan de la paroisse au sens large, ou un plan meilleur, s'il est appliqué avec sagesse et vigueur, garantira aux communautés villageoises et rurales leur héritage légitime de force et d'utilité spirituelles et sociales.

9. Presque toutes les dénominations chrétiennes ont leurs conseils ou sociétés missionnaires d'origine dont les fonctions sont d'aider à soutenir l'œuvre évangélique dans les endroits nécessiteux et d'organiser et de chérir les églises à la frontière et dans les endroits démunis. Les frontières ne sont plus aussi étendues qu'elles l'étaient autrefois, mais les lieux désolés sont presque aussi nombreux que jamais et se trouvent au cœur même de notre civilisation la plus développée. En fait, ils mentent partout dans nos églises, souvent presque au son de la cloche de l'église. Il est souvent trop coûteux de soutenir un ministre et de maintenir des services réguliers dans tous ces endroits et ils se retrouvent donc sans privilèges évangéliques. S'ils peuvent être regroupés autour d'une église de village comme centre, et si l'église peut être la base d'opérations à partir de laquelle l'œuvre se poursuit dans toutes ces régions éloignées ; Si, grâce à l'aide des conseils des missionnaires dans le pays, une force cléricale suffisante peut être maintenue pour poursuivre

l'œuvre de grande envergure, une telle méthode ne sera-t-elle pas une méthode pratique, efficace et économique pour accomplir le travail missionnaire dans le pays ?

Dieu attend de donner la vision à ceux qui sont prêts à la recevoir. Le pays, dans son grand besoin et dans sa désolation, attend l'aide que les églises de village pourront lui apporter. Je crois que les sociétés et conseils missionnaires d'origine sont prêts à coopérer à un tel plan pour l'élévation et l'évangélisation des régions rurales. Les églises de village elles-mêmes attendent une œuvre plus vaste pour accélérer leur vie en déclin et raviver leur enthousiasme mourant. Le monde attend de les voir avancer dans un effort déterminé et consacré pour réduire la vision à la réalité. Dieu attend de déverser son Esprit dans une bénédiction abondante sur les églises qui ont suffisamment de foi et de courage pour entreprendre cette œuvre.

Je crois que tout cela ne se réalisera pas très loin dans un avenir proche, et si cette histoire de la Grande Paroisse contribue, même dans une faible mesure, à ce résultat, le conteur sera largement récompensé pour sa tentative de décrire le nouveau chemin emprunté par Dieu l'a conduit.

> « Passez au premier plan.
> Dieu lui-même attend et doit
> attendre jusqu'à ce que tu
> viennes. Les hommes sont les
> prophètes de Dieu même si les
> siècles restent muets. Arrête le
> Royaume du Christ, avec une
> conquête si proche ? Tu es donc
> la cause, toi l'homme à l'arrière.
> Passe au premier plan. »